你好

孤独

〔日〕枡野俊明 著

高钰洋 译

人民东方出版传媒
People's Oriental Publishing & Media

東方出版社
The Oriental Press

图书在版编目（CIP）数据

你好，孤独 /（日）枡野俊明 著；高钰洋 译著 . — 北京：东方出版社，2023.1
ISBN 978-7-5207-2864-5

Ⅰ.①你… Ⅱ.①枡…②高… Ⅲ.①人际关系—社会心理学—通俗读物
Ⅳ.① C912.11-49

中国版本图书馆 CIP 数据核字（2022）第 120049 号

你好，孤独
（NIHAO, GUDU）

作　　者：[日]枡野俊明
译　　者：高钰洋
责任编辑：王夕月
编辑协助：网中裕之
出　　版：东方出版社
发　　行：人民东方出版传媒有限公司
地　　址：北京市东城区朝阳门内大街 166 号
邮　　编：100010
印　　刷：北京汇瑞嘉合文化发展有限公司
版　　次：2023 年 1 月第 1 版
印　　次：2023 年 1 月第 1 次印刷
开　　本：787 毫米 ×1092 毫米　1/32
印　　张：5.25
字　　数：91 千字
书　　号：ISBN 978-7-5207-2864-5
定　　价：56.00 元
发行电话：（010）85924663　85924644　85924641

目录

第 2 章

家庭中的孤独

第 3 章

重要的人带来的孤独

第 4 章

工作和人际关系的烦恼

第 5 章

与孤独相处的方式

前言

翻阅词典，"孤独"一词被解释为"独自一人"。这是一种不论身旁是否有人，内心都与他人疏远的心理状态。

人们惧怕这种心理状态，因为在普世价值观中，"孤独"一词总是与负面情绪如影随形。

只身而来，只身而去。我们孤身一人来到这个世界，离开时也不能结伴同行。即使是最亲爱的家人、最亲密的伙伴，也不能例外。

自然赋予了人类"只身一人"的属性，"孤独"对人类来说本是最理所应当的状态，怎么会有好坏之分？请你改变固有观念，重新认识"孤独"，将它视为人最基本的状态。

不过，我们人类确实无法孤立生存。我们需要在人群中生存，在他人的帮助下生活，同时也会给予他人帮助。身处"人间"的我们，正是在人与人之"间"经营着人生。

我们需要在充斥着千丝万缕关系的社会中生活。当我们降生在这个世界上，最先和父母产生关系，随着生长，逐渐和兄弟姐妹以及友人产生关系。

成年后，我们与人的关系逐渐丰富，基于工作、爱好的关系逐渐延展开来。当然，其中既有令人欢喜的关系，也有令人不知所措的关系。

随着社会关系的扩充，不知何时，我们竟忘却了"人生本来孤独"的本质。

我们习惯于与人保持联系，深陷于充满关系的生活中，所以一个人独自的时光会让人觉得不自在，更甚者会产生恐惧的情绪。随着不自在的感受与恐惧的情绪接踵而来，我们最终会感叹孤寂之苦。

孤独的苦楚驱使我们无意识中开始热衷于追求表层的关系。那些一刻不能从社交软件中脱身的人们，正是尽全力在避免一人独处的境况。

他们奋力追逐着梦幻般的表层联系，然而在我看来，他们的追逐，却不是幸福的归途。

我是禅宗僧人，生活便是在孤独中修行。即使修行时有同伴，坐禅也必然是孤身一人。在那时，我不会与任何人产生联系，只能自行用心感受佛陀的存在。禅宗僧人便是在这份孤独中学佛、悟佛的。

我常对大家说："每个人都应该有独处的时间。"只有在孤独面前，我们才能找到真正的自我。

佛说人生的意义在于发现"自我"，看透自我的存在和万物的真理。

如若不能看透，则可能迷失自我。生而为人，享有做人的乐趣，也承担为人的使命。而那乐趣和使命则在于正视自己，活出自我。

如果我们惧怕孤独，否定孤独，就相当于否定了自己的人生。

当下社会，有许多人被"孤独感"困扰，还有许多人寂寞难耐。本书便是为他们而写。

我将通过此书，就如何在日常生活中与孤独共处，如何看待人生中的孤独等问题发表拙见。

希望开卷至此的你，可以心怀"人本孤独"的信念，开启阅读的旅程。

／ 第 1 章 ／

何谓孤独

孤独与孤立

　　近年来，日本各大媒体的报道中经常会出现"孤独临终"一词。光是扫一眼汉字，那种透过字体渗出的冰冷，就让人浑身一颤。

　　人的归路注定是孤独一人的。每个人皆是只身而来，孤身而去。纵使我们早已了解现实，也总是无法接受一个人孤独离开的恐惧感，盼望着离开时身边有人相伴，抑或是有人注意到自己的离去。然而，多日后才发现故人遗体的惨况愈发频繁，恐怕任何人听闻此事都会心有余悸。

　　其实，早前的日本很少听闻"孤独临终"。祖孙三代同居较为普遍，在家人的陪伴下，人们很少感受到孤独。即使家人没在身边，出门便会碰上可亲的邻居或者亲戚。那样的社会环境下，人们不知何为孤独。

现代社会中三代同居的情况逐步减少，各自生活成为一种新常态。以四口之家为例，孩子成家后独立门户，家中便只剩下父母二人。终究，由于其中一人先行撒手人寰，而留下另一半孤身生活。单身贵族更是容易产生恐惧心理，因为从五人中就有一人终身不婚的数据来看，日本社会中一定有人会迎来"孤独临终"的惨剧。

我们究竟应该如何生活？重点在于时常保持和社会的联系。

"孤独"与"孤立"是两件完全不同的事情。"孤独临终"用"孤立临终"来替换表达，才更贴近现实。人最惧怕的不是"孤独终老"，而是"孤立无援"。那么，为了避免"孤立"的状态，我们应该时常保持与人的联系。这样写，可能有人觉得需要付出诸多努力。

其实，有一个简单的方法，可以让我们轻松与人及社会保持联系。那就是——打招呼。打个比方，同楼里的邻居，见面时微笑道一声"早安""你好"。我们不需要知道他的为人、他家住几层，更不需要想办法与他亲近或成为朋友，只需要微笑问候即可。

相信没有人会拒绝一个充满暖意的问候。即使互不相识，人们也总是被对方的微笑打动，幸福地开启一天的生活。一瞬间的问候之中，蕴藏着人间的温暖，敞开了人与人联系的大门。只要细心于问候，总有一日会记住对方的面孔。

在我们生活的社区、工作的职场中，都存在被孤立的人。他们的共同特点便是忽略了问候。见面不打招呼，缺少人与人之间的对视，渐渐地，人们便淡忘他们的存在。这就是孤立。

社会已经悄然发生了变化，那个即使不会与人问候，不会人情世故，也有人默默守护自己的时代，早已一去不复返。我们必须靠自己，创造与他人之间的联系，否则会在不经意间陷入孤立之中。

对于人类来说，孤独是自然的状态，而孤立不是。孤立意味着人被社会抛弃，是一件令人生惧的事情。为了避免诸如此类的情况发生，请一定要重视日常问候。

两种"思考"

人在思考中生活，思考在朝暮之间轮转，永不停息。

今天的工作内容、问题的解决方案、晚饭吃什么、孩子的学校活动，这些都是我们思考的内容。由于思考得过多，一日的时光瞬间即逝。

当然，生活是需要经营的。但是，时常停下脚步反观生活也是必要的。

当我们埋头于生活的琐碎之中时，是不是忽略了真正应该思考的问题？我们看似在不停地思考，却没有一件事情经过深思熟虑。我们没有时间反省自己的生活方式。这是大多数现代人生活的真实写照。

"思考"分为两种。

一种，是为了能够找到明确解决方案或者正确答案的思考。

一种，是生而为人必须进行的思考，思考主体往往在思考前就清楚地知道，问题可能不存在正确答案。

例如，眼下的工作如何展开，如何完成工作，这类问题都有明确的答案。为了找到答案，可以和共事的同伴一起思考，发挥集体的力量，最终找到一个方案。

善于应付考试的人，多擅长进行这类思考。因为他们在复习的过程中，不断训练了自己通过思考找到答案的能力。

然而，大多数人不习惯面对没有明确答案的问题。这种问题是棘手的。即使你绞尽脑汁，使出浑身解数，可能也找不到答案在何处。甚至有人会认为，既然没有正确答案，何必努力思考，不是白费力气？

禅修问答便是不断地思考没有明确答案的问题。

"狗子佛性"这一著名的公案你可曾了解？简单来讲，是探讨狗是否与人一样具有佛性的问题。

狗在降生之初，与人类一样具有纯洁纯粹的心灵。不，狗怎能与人等同，众人皆有看法。然而，问题的答案不是固定的。

那么，为何禅修总要解决这些没有答案的问题呢？其实，禅修的目的，即是告诉众生深入思考这一行为的重要性。

我们需要汲取公案真正的智慧，将其运用于自己的人生之中。现在，我们能够清楚地知道，世界上存在有答案和没有答案的两类问题。

当我们绞尽脑汁都不能找到正确答案时，便是遇到了没有答案的问题。人生便是在教授我们发现思考这类问题的重要性。

在烦琐的日常生活中，你是否有一瞬间能够停下来思考问题："我的生活方式是否合适""我的目标是什么""我选择的道路真的对吗"等。

我们明明知道找不到问题的答案，却忍不住思考。这就是人。

我们会一边回忆过往，一边思考未来，沉浸于一个人的自问自答。而这段时间，是十分重要的。

这些问题一定没有明确的答案，也不会有人给出正确答案。但如果我们停止了自问自答的活动，则会陷入迷惘之中。

我们会迷失自我，迷失于日常的繁忙之中。我们会放弃自我的思考，随波逐流。然而，那并不是我们的自我，而是别人的自我。

与自我对话，思考自己的人生。这项工作只能在孤独的处境中完成，不可在与他人闲谈间获得。无人之处，孤独之境，才是与自我对话的地方。

现在，有太多纷繁的琐事打扰属于我们自己的独处时间。难得一人清静，我们却忍不住将注意力放在手机画面上。回复社交软件实在消磨人们的精力。繁杂的事物过多，会对深入思考产生干扰。人类理所应当的两种"思考"能力，其中一种正在被逐渐剥夺。

过分在意他人的目光

曾有人说，自己惧怕孤身一人，一定要和其他人在一起才会心安。这种人对相处的对象没有要求，只要能够与自己相伴即可。

虽然能够理解这种情感，然而不得不说，这是一种人类幼小时期时常有的感受。小学或中学的时候，我们自然而然地认为应当与他人一同行动。一起上学、吃午饭，甚至课间休息时都要结伴去卫生间。在这个时期，我们极少一个人行动。

随着年龄的增长，我们与人共同行动的时间逐步减少，独自一人的时光慢慢增多。这才是一种自然的常态。然而，仍有人一把年纪，却期盼着与他人结伴而行。究其原因，除却尚且幼稚的心理外，还有可能潜藏着过分在意他人目光的倾向。

举个常见的例子，在公司吃午饭时，这些人往往会固执地认为午餐一定要与同事一起享用，为此，每天从早上开始纠结中午找谁一起吃饭、如果找不到共进午餐的人应该如何是好等毫无意义的问题。不可否认，与交心之人共进午餐是一件令人愉悦的事。然而，这不是必要的。世上根本没有不可以独自享用午餐的道理。不过，道理说得简单，他们却十分惧怕一个人用餐，他们极度在意公司食堂中别人会如何看待独自用餐的自己。

他们担心自己被别人非议：他一个人吃午餐、他一定没有可以共进午餐的朋友、他一定被周边的同事排挤了等。

等等，读者朋友们，如果他们做如此想，由着他们便是了，你的选择，并没有给周围的人增添麻烦。

本来，世界上也没有一定要与人共进午餐的道理。

不论独自用餐，或是与人结伴用餐，皆是无所谓的事情。我们容易从中产生恐惧感的原因在于，学生阶段养成的共同行动的习惯忽然消失，让我们产生了一时的不自在。其实，这只是不习惯而已。

另外，我们害怕被人误解，被误解为无人为伴的人，这也是一种毫无意义的烦恼。

你是不是也碰到过类似的事情？有人邀请你参加聚会，虽然内心抗拒，却不敢断然拒绝。这种情况数不胜数。如果这次拒绝，下次他们便不会来邀约了；上次拒绝了，这次盛情难却。大多数人都会以这种理由勉强自己参加情非所愿的聚会。

其实，拒绝一次对方便不再邀约的情况出现时，说明对方并不是真心实意地想与你共饮，你们之间的关系禁不起考验。

这种淡薄的人际关系，如若对方不再邀约，岂不是更会让你一身轻松？这种没有价值的关系，最终会慢慢消失，又何必执着于它？这不是毫无意义的烦恼吗？

孤立与孤独是两个完全不同的概念。

我们可以将孤立简单地想象为脱离一个团体。人们为了同一个目的、兴趣爱好组成团体，当成员自己的目标、爱好发生变化时，自然与团体内会形成隔阂。不过，当你离开一个团体时，还会碰到新的伙伴与团体。人际关系便是如此循环往复。

每当我们开始孤立时，请将它作为遇见新伙伴的机遇。重要的是，你要堂堂正正地面对这份孤立。一个人行动、一个人享受生活、一个人享用午餐，相信其他人只会羡慕你的洒脱。

不要拿自己与其他人比较

人类注定是孤独的，却又无法独自生存，我们需要在与人的联系中生活。即使你已经打定主意"不与人产生任何瓜葛"，也无法完全避免与他人的联系。只要与他人产生联系，必然会产生比较。

不要拿自己与其他人比较。佛陀说：世间万物皆唯一。他是他，我是我。想要摆脱烦恼，须坚持这种信念。

众人皆知，过多的比较，毫无益处，却总也抵挡不住自己的心魔。做到不与任何人比较，着实是一件难事。即便经历多年修行的高僧，也会忍不住将自己与其他僧侣比较。从这个角度来看，人类确实很弱小。

如若我们无法逃离比较的圈套，可以多注意改变比较的方法。

每个人都有羡慕之心，甚至嫉妒之情，这类情感无法避免。

依我之见，羡慕和嫉妒其实不同。羡慕，内含积极的动力。

比如，当我们羡慕工作成果丰硕的人时，也会同时为自己加油打气——加油，我也要取得更多成果。这是羡慕。

然而，嫉妒之情没有积极的要素。同样的场景，嫉妒作祟后，我们会暗自盼望比自己获得更多肯定的同事赶快遭遇失败。想要将对方"拉下水"的心情，便是嫉妒。嫉妒不仅不会有任何积极的作用，更不会促进自我的成长。

我们难以避免与人比较，却可以避免单纯的嫉妒。如若通过比较促进自我的进步，那么比较也是有一定积极作用的。

接下来，还有一个必须考虑的问题。如何处理无法避免的比较，其实我们只需要巧妙地利用这份情感，就可以将其变为促使自己进步的动力。不过有一种比较，是无法帮助我们进步的，那就是将自己与社会均值比较。

现代的生活中，充斥着大量社交媒体的信息。信息的质量参差不齐，甚至有许多毫无用处的劣质信息。遇到这类信息，与其浪费时间阅读，不如视而不见。

比如，我们常说"平均值"。工薪族平均年薪、平均结婚年龄、一般家庭的平均存款数等。这类信息铺天盖地，经常作为数据展现国家及经济发展情况。然而，我们根本没必要在意它们，越是在意，越容易让自己徒增烦恼。

一般家庭的平均存款额是一千万日元，而我家只有一百万日元，未来的生活资本只有如此寥寥？平均结婚年龄是三十多岁，而四十岁的我依然单身。用社会上的"平均值"与自己作比较，总会让我们的心情忽高忽低。

如果自己的存款额少于平均值，明天开始有计划地存钱便是了。如果无法存钱就努力赚钱。

存款的多少与人的幸福感并无直接联系。二十多岁结婚就一定会幸福吗？自然也是没有保证的。只有在自己认为对的时间步入婚姻殿堂，才是幸福的选择吧？

将自己与具体的人或事作比，激励自己奋发图强，是一件十分有意义的事情。而看不透摸不着的社会平均值，与自己是没有任何可比性的，拿来作比较又有何意义呢？

人群中的寂寞感

亲朋围簇，却心生孤独。这种情况你可曾遇见过？表面上热热闹闹，有说有笑，却总感觉不自在，或者有一种疏远感。

实际上，人更容易在与人同行时感到孤独。一人独处的时候，我们会感受到寂寞或者了无生趣，却意外地很难感受到孤独。然而，当我们身处人群之中，发现人与人之间心有隔阂时，更容易产生孤独的感受。

比如，与朋友五人同行，只有自己搭不上话。大家都有共通的话题，似乎只有自己一个局外人，跟不上说话的主题。每当这种情况发生时，我们就容易产生被疏远的感受。

这时，为了摆脱这种感受，人们会强迫自己加入对话之中。然而，强扭的瓜不甜。对自己撒谎，只会让自己更加疲惫，而对方也会很快发现你的力不从心。

同时，这种人际关系中通常存在强弱关系，强势的人用自己的意志主导关系的发展，而弱势方只能配合。虽然我也不能参透人际关系为何如此，但世上确实存在不少类似的案例。

假设你是弱势方，一直以来配合强势方维持关系。一旦觉得有所勉强，应当立即停止无谓的配合。如果不配合就会被孤立，那么，一个人又如何呢？世上不存在需要勉强自己去维持的关系。三十六计走为上策，尽早脱离苦海，找到真正适合自己的地方才是正道。

虽然配合同伴是一件苦差事，有些人却很难轻易放手。其原因在于他们自身。放手容易，决心难。迟迟不下决心，必是还有迷恋。

让我们冷静思考一下。随着生活经历的变化，即便是旧友，也早已各行其道。何必为了旧的关系勉强自己。过度的勉强，绝不会产生良好的关系。

如果你已经在一段人际关系中感到痛苦，抑或是在朋友中感到被孤立，最好的办法就是暂时离开这段关系。以时间换取空间，多年后如果还能想起对方，再联系便是。一年未见便断绝的关系，也只能止于此，又何必强求。

　　如果与人相处时感到孤独，那就停止与人相处。抛弃对同伴的执着，反而会减少多余的孤独感。

你是不是社交软件依赖症

佛陀言：以心传心。即自己的所想所思，不用言传也可以传递给对方，即使双方身处各地，也可以传递心中情感。

当你忙于生活时，是否有一瞬间想起自己的母亲？她在做什么？她没有生病吧？你的心会止不住地思念。而另一面，母更思子。孩子是否好好吃饭？工作上是否遇到困难？当母亲的人，总是有操不完的心。

即便不经常联络，心里也总是想着对方。俗话说：没消息便是好消息。这是一种心灵相通的状态。即便没有语言的交流，也可以感受到对方的温暖。以心传心，大致如此。

世上一定有与我们心灵相通之人。父母是与我们心灵相通的第一人，在父母的关爱下，我们不会感到孤独。即便身边没有熟知自己的人，只要想到有人会为自己的生活担忧，人们便会在心灵上得到救赎。

随着社交软件的流行，人与人的交往逐步转向线上，"以心传心"式的交往成为过去式。如果想了解对方的近况，只需要一封邮件。

当然，方便自不待言。在社交软件的帮助下，工作沟通、日常联络十分便捷，然而真正做到了人与人心灵上的交流吗？

年轻人会认为，有社交软件便足够了，根本不再需要"以心传心"的交流方式。年轻人对人际关系的处理方式是我的同龄人们无法理解的。便利是便利，但是确有顾虑。

在年轻人的智能手机中，动辄保存着几百位"朋友"的联系方式。随着联系人的不断增多，人们会产生自己人缘颇广的错觉。

然而，这些存储在手机中的联系人，真的是你的知心朋友吗？

我们经常会在社交软件中回复或发送信息。"我从昨天开始感冒了，现在发烧 39℃。"一句表达自己境况的话语之后，看似收到了许多关心的回复——"你没事吧""好好休息哦""你去医院看过了吗"，然而，却没有一人前来看望正在养病的你。

那是发生在大学时的事情。有一次，我的同学三天没来上学。

他之前从未有过类似的情况。我和朋友十分担心，以为他感冒了。他从外地来此，一直住在出租屋里，我和朋友都没有他的电话号码。情急之下，我们来到了他的住处。

我们敲门，没有人答应。我们又绕到房子的背面，敲打玻璃。过了许久，他才跟跟跄跄地几乎爬着到了门口。询问他才知道，他从三天前开始发高烧，一直卧床不起。因为没有钱看病，就打算靠自己扛过去。他三天粒米未进，只靠喝水维持生命。

我听后赶到最近的商店，买上了感冒药和食物。先让他吃了药，然后用电饭煲给他做了热腾腾的米饭。当天晚上，陪了他整整一夜。

两天后，他精神饱满地回到了校园，半开着玩笑对我说："谢谢，要不是你，我早就变成木乃伊了。"当时，他的求救信号传递给了我。若问起为何我要去往他的住处，不是因为他是我认识的人，而是对我而言，他是重要的朋友。

生命无法事先规划

　　每一天，人都在变老。在变老的过程中，人们会感受到一种莫名的不安。生病了怎么办？身体不听使唤了，还有想做的事情怎么办？经济上、工作上都有不安感。甚至还会担心有一天要孤独终老。这些事情，光是想一想，已经让人的心情很难平复了。

　　"余生"一词，给人以退出社会生活的舞台后大隐于市的印象。不论它使用的语境好与坏，其中都饱含"孤独"的意味。

　　首先，我想向各位强调，我们所说的对余生的想象皆是虚无的，人本就没法事先规划生命。人之命，天注定。每个人都只是走过注定的人生。

　　当然，我们无从得知注定的天命究竟到何时，我们能做的只是将被赋予的生命燃烧至极致。这是生而为人的使命。

退休后，我们不会再继续工作。也许有人认为自己已经到了风烛残年，不需要再发挥余热，只要老老实实过完剩下的日子便是了。

然而，这些人可能就这么抱着混日子的想法，浑浑噩噩地达到百岁高龄。如果从六十岁退休算起，那么他们便足足浪费了四十年之久。我们不可得知自己何时命绝，却可在绝命前拼尽全力地活过人生。

随着年龄增加，我们力不从心的事情会越来越多。年轻时的轻而易举已经一去不复返，心有余而力不足成为新的常态。然而，与其只是烦恼无法完成的事情，不如多思考，想想哪些事情是只有老年人才能承担的？

举例来讲，年轻时，赚钱养家是我们的主要目标。换句话说，工作是为了生活。这也是年轻人的使命。

然而，离开工作岗位的老年人，已经不需要一个劲地考虑工作薪金的问题。

半志愿状态的工作也很不错。即使赚钱少，也可以做一些帮助他人的工作。做对社会有贡献的工作，做令他人愉悦的工作。即使你也曾经有过类似的想法，年轻时也是很难实现的。赚钱养家的主要目标，会让你关注工作的收入面，因此年轻人很难开展志愿活动。

随着年龄的增长，面对自己想做的事情，人们会更加洒脱。他们从束缚中解脱出来，随心所欲。虽然随着年龄的增长，可做之事会逐渐减少，但从反面来看，人们可以获得更多心灵的自由。

还有，我们要找到自己的梦想或目标。有人会给自己泄气：我已然一把年纪，何谈实现梦想。梦想还没实现，恐怕我早已深埋在黄土之中了。

提到梦想，其实梦想并不是一定要实现的东西。即使无法实现，在你朝梦想努力的路上所看到的"风景"，也会成为人生的积淀。为目标而奋斗，总会激发人类生存的成就感。寻找一个梦想，哪怕它只是很微小的存在。追梦的路上，一样有精彩。没有梦想的人，是无法继续生活的。

找到了梦想或目标后，下一步就是开口告诉他人。通过与他人的交流，产生新的联系。也许刚好会碰上与你有同样梦想的人，并愿意与你一同追梦。这样一来，追梦之路便绝不会孤独。

人到中老年后的孤独感是令人惧怕的。如果产生了恐惧，首先请尝试为他人做一点贡献。即使是小事，只要获得他人的肯定，就值得坚持下去，你可以在这一过程中发现自己的梦想或目标。

追梦之人需要怀有自由之心，要紧追梦想一步一步脚踏实地地前行。如果你的梦想中有"我为人人"的想法，那么你必定不会孤单。

解决方法：扫墓

每个人的生活都会有碰壁的时候。碰壁会让我们变得手足无措，不知如何是好。当我们遇到问题不便与人交谈时，应该如何在自己心中找到解决的方法呢？

走投无路的自己总是得不到周边的理解。在他们看来，你的烦恼微不足道。每当这时，人们的内心会涌出无尽的孤独空虚之感。

你根本找不到问题的答案，更没有人能帮助你解决问题，你的问题压根儿就不能与人交流。问题总要解决，那么到底有什么办法解决问题呢？在此，我推荐一个方式——扫墓。

当今社会，提到墓碑，大家都会有一种它位于深山老林、离自己很遥远的感受。产生这种感受的原因有很多，在日本，越来越多的人们离开自己的故乡、来到城市，回乡扫墓祭祖的机会越来越少。甚至有家族无人继承，祖坟无人照看，不得不考虑"移葬"。

扫墓的次数减少，意味着祖先与人们的联系变得愈发淡薄了。这会让我们自然而然地觉得生活缺失了一部分。这不是僧侣的感受，而是大众的感受。

每个人都有祖先，都有与先人代代相传而来的缘分。没有这份缘分，我们也不可能出生于此。

父母双亲与祖父母是我们最近的缘分。也许家中族谱、族志中会写上几笔先人的故事，但我们不可能详细地了解到更早的先人为人、生平如何。但是，我们的确血脉相连。

我们大可以带着血脉相连之躯，静静地站到祖先的墓前。双手合十，向我们的先人吐露自己的心声，尝试着与祖先隔空对话，询问解决问题的方案。虽然这一切的过程，都会是一种自问自答。

我的寺院中有一位女施主，年纪轻轻便因病撒手人寰，留下一位未及学龄的幼子。孩子年幼丧母，尚不能理解何为生死，不能理解为何母亲消失不见，追问着母亲何时回家，悲伤一天天沉积了下来。

女施主过世满一个月时，孩子的父亲带着男孩一同前来扫墓。

此后，每月的忌日，一大一小两人按时到访。男孩合上两只小手，放在胸前，嘴里轻轻地说道："妈妈，我来啦。"

大约三年后，男孩随祖母一同前来。大概父亲的工作变得更加繁忙了吧。长大的男孩，已经熟悉了扫墓的礼仪，即使没有祖母帮忙，一个人也可以完成扫墓的流程。

后来，男孩上了中学。男孩开始扶着祖母一同前来。此前一直被大人带着来的孩子，也成长为可以带着大人一同前来的男子汉。他用已经略微变声的声音，和母亲诉说："妈妈，我马上要考试了，你要保佑我哦。"

那之后没过多久，男孩便不再来扫墓了。我想，可能他上了大学，毕业后参加工作，移住到新的地方去了吧。他一定也有他来不了的理由。

不知过了多少年，在我的记忆中，男孩的印象开始逐渐模糊，很少会思考男孩现在生活如何的问题。不过，我会好好守护他母亲的坟墓，代替他问候逝去的人。

大概十几年之后，在樱花初绽的季节里，有一对年轻夫妇带着一个小男孩来到了寺庙。在看到年轻人的一瞬间，我立刻就意识到，他回来了。

他工作后结婚生子，以神清气爽的姿态来看望母亲了。"妈

妈，这是您的孙子哦。"失去妻子的丈夫、失去母亲的男孩、失去
女儿的老妇人，他们一定都曾沉浸在悲痛之中。但是，他们一定
不曾孤独。

/ 第 2 章 /

家庭中的孤独

餐桌是家庭的"堡垒"

家庭是社会中最小的单位。家庭是我们身体的休息室、心灵的港湾，是我们每个人最终的归宿。正因为有家庭的支撑，人们才可以在外坚强地奋斗。

然而，生活在同一个屋檐下的家人之间，有时也会产生不那么令人愉悦的对话。父母总会干涉孩子，甚至有人在烦恼如何与家人共同度过一整天的时光。

在我看来，餐桌是家庭中最重要的场所。虽然三餐共食很难，但至少应当努力共进一次餐食。

最近我听闻了一个词语：日语写作コケコッコ①，它的发音大

---

① 日语中"コケコッコ"是公鸡的叫声。——译者注

致可以对应四个字"孤、各、顾、固"。乍一听是公鸡打鸣的声音，然而却是对应了四个短语，分别是：孤身吃、各自吃、顾不上吃、固定吃。

孤身吃，顾名思义，便是孤身一人吃饭。

各自吃，意思是同在一张餐桌上，却各人吃各人喜爱的食物。比如父母吃鱼、初中的儿子吃烤肉、上高中的女儿吃意大利面。

顾不上吃，意思是三餐中少吃一餐，如不吃早餐也属于此类情况。

最后是固定吃，其实是一直固定只吃一种食物的意思。

这四个短语表达了现代日本家庭的餐桌文化现状，令人唏嘘。

在我的粗浅认识中，家人共坐一桌，共食一餐，是家庭中应有的餐桌文化。在共处的时光中，一定会产生人与人之间的交流。"今天的鱼很新鲜""今天我遇到了一件事"。看似漫不经心的对话，也可以为用餐的家人带来温暖。只有拥有充分的餐桌时间，才能产生家人之间的联系。

在工作日中，家人也许难以按时聚集。那么，至少在一周中尽力营造一次共处的时光。不在于时间的多少，而在于我们对共同时间的意识。

2019 年荣获诺贝尔化学奖的吉野彰先生，将自己每日回家最晚的时间定在凌晨五点。不论研究项目多么忙碌，早上五点前，他也一定会回到家中。目的是与家人共进早餐。

由于研究繁忙，他与家人共处的时间十分有限，甚至多数时间不得不将工作摆在第一位。在此境况下，吉野先生下定决心要与家人共进早餐，并且贯彻了多年。

有人会说，与家人共进餐食实在太难了，工作繁忙的我根本没有时间和家人吃饭。但是，请仔细思考，真的一点时间都没有吗？诺贝尔奖获得者都可以创造与家人共处的时间，大家只要有意识，其实都可以做到。

将工作忙当作借口，轻视与家人共处的餐桌时光是大忌。一起用餐是一件看似微不足道的事情，但是如果不认真对待，有可能会导致家庭的分崩离析。

与家人在一起时的孤独

所谓家人，是自然而然存在于身边的人，家人之间不论爱好嫌恶与否，更不论性格相投与否。在家人面前，我们不需要装腔作势，更不需要掩饰真实的自己。因此，在家人面前，我们总会产生依赖感。

但是，不论家人是多么亲近的存在，不将心中想法表达于言，对方也必然不会理解自己。一个人在想什么、想要什么、有多么在乎家人，生活中各种各样的小事，别人不可能一一了然于心。

孩子年幼之时，不必过多言语，只需要给他温暖的拥抱就能传递给他父母的爱。但是，随着孩子年龄增长，我们便必须将他们作为一个独立的人格来加以对待。因为，即使我们与孩子同居一个屋檐下，却在各自的生活中，经历着完全不同的事情。

　　这里，我们用不同的世界来描述我们与孩子的差别。因为我们来自不同的世界，因此必须通过对话才能互相了解。倾听对方的故事，有意识地将他们作为独立的个体，在同一个名为"家庭"的阵地，共同奋斗。

　　为何与家人在一起时会产生孤独感？因为我们与家人之间缺少对话。缺少对话的原因是我们认为没有共同话题。这是理所当然的事情，因为每个人每天生活的环境均不相同。儿子不会理解父亲公司的事情，父亲不会理解女儿大学内的情况，女儿觉得母亲兼职的事情听起来很无聊。结果，越不交流越缺乏理解，形成了恶性循环。

　　应该如何缓解这种情况呢？方法非常简单——选择聊得来的话题。

　　寻找共通的话题。即使年龄不同，爱好相投也可以聊天。可以谈好看的电影，也可以聊旅游的故事。找到共通的话题，人与人总有说不完的话。

　　其中最重要的一点是不要强迫自己迎合对方的话题。为了迎合孩子，勉强加入孩子的对话，最后只会让父母与孩子之间产生更多的隔阂。明明不喜欢看电影，却为了迎合女儿强迫自己做不感兴趣的事情，这必定不是一个愉悦的过程。我们应当在尊重对方爱好的前提下，找到彼此共通的兴趣点，而不是将一个人的偏好强加在另一个人身上。

　　有一个案例便是如此。有一对父子，父亲和儿子沉默寡言，两人在一同吃饭时也不会交谈。一家人一起吃饭时，只有母亲一人说话。母亲一直很疑惑："两人完全不说话，到底有什么意思？"但是，每当碰到他们都感兴趣的话题，两人就会发生天翻地覆的变化，聊得热火朝天。这也是一种家庭现象。

家庭主妇的焦虑

现代女性参加社会工作已经成为理所当然的事情。从学校毕业后，女性同男性一样在公司工作，积累了丰富的社会经验。在社会中，拥有自己的一席之地是令人赞赏的，同时，它也会增强人们生存的自信心。

但是，社会上还有另外一类女性，她们远离社会、不参与任何社会工作。这便是我们经常听说的家庭主妇。曾几何时，女性结婚后退居家庭的现象是非常普遍的，这可能是受传统观念的影响。在传统观念中，照顾丈夫和孩子的起居是女性的头等大事。

然而，现代社会中，专职的家庭主妇已经逐步减少。这些女性或是在产假结束后就回到职场继续拼搏，或是在育儿的间隙做兼职补贴家用。专职家庭主妇的地位在时代背景的衬托下显得更加卑微。

看着同期入职公司的女同事，工作做得风生水起，工作经验愈发丰富，而自己却被家庭所束缚。即使想要工作，却还有照顾孩子的任务。每天繁重的家务活儿让自己无暇喘息，好不容易积攒而来的工作经历和经验，在穿梭于厨房、洗衣房、卧室的过程中消磨殆尽。

每每看到烦恼的主妇，我都想真诚地告诉她们："专职家庭主妇同样是伟大的工作。"公司中积攒的名曰经验，家庭中积累的便不是经验吗？——当然不是。人们往往会带有偏见，认为工作经验可以为社会带来效益，家务或育儿的经验毫无用途。但是，这种想法是完全错误的。

请大家意识到，守护家庭，是一份值得赞美的工作。每天早上，为家人做早饭，规划家人的营养摄入，管理家人的身体健康；一声温暖的"慢点""小心点"；一副令人暖心的笑容，都会给家人带来一天的光明。

到了傍晚归家时分，一句简单的"回来啦""今天也很棒"，可以让家人重新振奋精神。能够调和家中气氛的，只有身为母亲、妻子的女性。

如若母亲面色铁青，恐怕家中的氛围也会十分阴郁吧。如果母亲焦虑，感受到母亲情绪的孩子会畏缩。让家中的氛围永远明快，是一件十分伟大的工作。

请大家试想家中的场景。如果家有幼子，女性则需要一边照看孩子，一边完成家务。

也许她刚刚准备着手做晚餐，孩子却忽然开始闹脾气。一边哄孩子，一边匆忙地准备孩子的晚餐，还要顺便放好浴盆的水。之后，一边喂孩子吃完饭，一边帮丈夫做一道精致的下酒菜。夜深了，哄孩子睡着后，她还会整理清洗好的衣物，顺便记下一天的花销。

繁杂的日常家务每天都在进行，这对主妇的行政管理能力有颇高的要求。主妇的工作容不得拖延，一拖则堆积得难以完成。如何将家务分成轻重缓急，并迅速付诸行动，这不是经验又是何物？

在复杂的家务和育儿活动中，女性的行政管理能力得到了有效的锻炼。相信没有任何一位男性可以超越主妇的此种能力。我想传达给各位主妇一个信息：专职主妇的经验一定能够成为你未来工作的助力。

的确，女性一旦离开公司，在社会中锻炼的工作能力会失去用武之地。然而，所有的工作都是相通的。

寺院的工作同样如此。当我分配工作给僧侣时，会自然而然地选择手脚麻利的僧侣。时间充裕的工作，任何人都可以完成，而紧迫的工作，我总会不自觉地选择工作效率较高的僧侣。

培养工作效率的一种方式，便是处理家务。专职主妇可以明确当下的人生目标，即守护家庭，为丈夫和儿女创造一个温馨的家庭环境。育儿和家务不会永远持续下去。

儿女终有一日会成年离家，那时也许可以拜托丈夫帮助自己分担家务。其实，需要一位女性从事专职家庭主妇的时间，在人生的过程中不会太久。

因此，请专职家庭主妇们坚定信心。你们不需要与同事、近邻比较，你们只需要关注眼前最重要的事情。

单间文化的影响

曾经的日本，三代同居一处是司空见惯的场景。当时的生活条件不好，不会在每个房间中安装暖气，家人们总会聚在客厅里取暖。不用说独立的儿童房，那时的人们经常是四五个兄弟姐妹同住一屋，家中根本不存在独处的空间。

现在，每个孩子都会有属于自己的房间，这基本上是从孩子上小学时开始的。大多数选择这种做法的父母，也许是因为想要培养孩子的自理自立能力。

其实，儿童房传入日本是受美国的影响。据说，在美国，孩子在很小的年纪，就会得到一间房间。这样的方式，在日本人口爆发期时，被民众所接受。

我曾经就此问题咨询过长年生活在美国的人，据他们所述，虽然孩子能够拥有房间，但是房间主要用于休息。孩子只有在学习或休息时，使用自己的房间，其他大多数时间主要与家人一同在客厅度过。美国人其实非常重视与家人共处的时光。

然而，片面接受儿童房概念的日本家庭，却将孩子彻底"关"进了独立的房间中。孩子除了学习和休息时间外，只要一回家，便立即钻进自己的房间中。孩子的母亲甚至不知他们在房间中到底做些什么。

他到底是在学习，还是在睡觉，或是在玩电子游戏，父母都一无所知。简单粗暴地认为不干涉就是促使孩子独立的方式，那就大错特错了。钻进房间不出门和自立自理是毫无关系的两件事。

当孩子习惯于将自己关在房间中，他们的思维也会变得以自我为中心。虽然我的说法有些夸张，然而事实确实如此。他们在个人的房间中享受所谓的自由，不在乎他人的目光，也不在乎他人的感受。

换句话说，他们对他人的关心会逐渐消失。与人共处，体会他人的感受，这是为人的重要能力。

举个例子来说，与家人共处是需要互相体谅的。看到家中的弟弟开始做作业，即使此时打开电视，也会自觉地将声音降低。看到父亲接打工作电话，即使此时大家聊天兴头正浓，也会开始轻声细语。由于缺少对他人的体谅，孩子会逐渐失去类似这种自然而然的反应。一个孩子如果失去了为他人着想的能力，未来将难以融入社会，备受煎熬。

世人对孩子的中考和高考颇为关注，甚至有电视节目专门播出名校学生的学习生活。

这些成功考取名校的学生，往往都在家中客厅学习。虽然每个人都有自己的房间，房间中也有学习桌椅，然而他们依旧选择在客厅中学习。在客厅中，他们肯定可以听到母亲准备晚餐的声音，以及弟弟妹妹玩闹的声音，远不及在自己的房间中安静自在。然而，他们却故意选择在客厅学习。

他们为何这样做？也许他们自己也不清楚理由。但可以肯定一点，家人在身旁的感觉，可以让他们的心更加平静。

自己努力学习的样子映在家人眼中，家人努力的样子看在自己眼里，前进的路上自己永远不孤单，每个人都能得到鼓励。学习时碰到困难，抬头看看父母投来的温暖目光。这也许就是让他们能够更加安心学习的理由。

独立的培养不是一蹴而就的，而是需要先找到属于自己的平静。

与家人的集体生活

　　现在，校园霸凌和学生拒绝上学的情况越来越多。过去，欺负同学的事情时有发生，然而拒绝上学的学生并不多见。在我看来，造成这种现象的原因之一，也许是无法与他人建立良好关系的孩子正在逐渐增多。

　　人际关系中最基本的要素是为他人着想。当人格不同的两人建立关系时，一定会产生误解或冲突。不论朋友、兄弟，还是父母与孩子，只要是两个人，便会存在两个不同的自我，冲突是必然存在的。这就是我们人类的人际关系。

　　如何建立良好的人际关系，关键就是心里要有他人。人与人之间不会自然地建立起美好的关系，更不会没有理由地建立信任关系。而照顾他人感受的能力，只能在感观丰富的孩童时期和青少年时期加以培养。

曾经，有一个教育机构托我撰写一篇文章，主题是孩子教育中的必要项目。在文章中，我写下了曾多次提倡的一个方案——让十岁至二十五岁的青少年，在人烟稀少的地方城市，度过一年集体生活。

在日本，随着少子化的发展，有许多学校成了没有学生的无人校。集体生活便可以借用这些废弃学校的集体宿舍。这样做的目的，是让孩子能够花费一年时间体验集体生活。

白天让学生参加劳动。对林业感兴趣的孩子，可以到大山里帮忙。通过伐木、植树等工作，可以加深对林业工作的理解，了解林业的重要性。对农业感兴趣的孩子，可以寄宿到农民家中。用一年的时间参与农作，看着平日不知何处而来的粮食瓜果发芽成熟，体会农民培育作物时的艰辛，在实践中丰富自己的认知。

喜欢渔业的孩子，一定可以了解到生命的珍贵。人类捕食鱼类，将它们切碎烹饪入口，经过这一过程，相信他们一定能够体会到我们的生命延续来自鱼的恩惠。

在这个过程中，相信孩子对生灵及大自然的感恩之心会油然而生。即使不在佛堂中禅悟佛理，通过生活中林业、农业和渔业的工作，也可以完成重要的人生课程。

白天劳动完成后，晚上孩子们回到集体宿舍中，一同洗澡、吃饭，分担打扫或洗衣服等日常工作，通力合作度过每一天。通过这样的生活，自然地培养他们照顾他人感受的能力，并在一年的集体生活中，收获人生的伙伴。

2019 年，橄榄球世界杯在日本举行，日本队成功杀入了决赛。据说，日本队为了迎接世界杯，赛前几个月一直坚持集体生活。即使是已经成家的选手，也暂时离开自己的小家，加入了队伍的集体生活。在同吃同住的环境下，队伍团结一心，合为一体，共同迎接比赛的到来。

同吃同住，是建立人际关系的一种有效方法。禅宗僧人在行脚①之时，也会与同行的僧侣同吃同住，相互激励，忍耐行脚的艰苦。如若只身一人，可能无法在艰苦的行脚修行中坚持到最后。共同体验艰苦、互相鼓励，是人生中的一种重要经历。

如此想来，与家人生活，极端来讲，可以看作是一种集体生活。同住在一个屋檐之下，同吃同住自不在话下。

但是，我们也许会懈怠。只顾及同住在一处，却忘记了要互相照顾感受。这样的家庭，是无法通力合作，上下一心的。

---

① 僧人为寻师求法而游食四方。——译者注

即使身为家人，也是不同的人，但不是毫无关联的人。不能忘记他们与自己的不同。正因为家人的存在无可替代，我们才更应该时刻为家人着想，常持为他人着想之心。

去看望祖父母

　　曾经的日本，三代家人同居一处屡见不鲜。父母、孩子与祖父母同在一个屋檐下生活，家里总是热热闹闹。在农业社会，更容易形成这样的家庭结构。

　　我推荐三代人同居，因为在这一过程中能够形成家庭内部的"避风港"。

　　家人之间也会存在冲突。父母为孩子的前途焦虑，总也忍不住斥责；孩子无法理解父母对他们的关爱。这世界上，永远不会缺少把爱强压给孩子的父母和极力反抗的孩童。父母和孩子的关系一旦处理不妥，将会产生许多不良的后果。这时，在其中发挥缓冲作用的便是孩子的祖父母。

　　孩子会向祖父母告状，痛诉父母呵斥自己的事情。祖父母只会笑笑说道："你被教训了呀？"他们虽然不会提出有效建议，却表达了对孩子的包容和接受。也许大家有所不知，这温暖的笑容足以慰藉孩子的内心。看到祖父母的笑脸，哪个孩子又还记得自己被呵斥的事情呢？

身为父母，将培养孩子成才作为己任，不敢懈怠。为此，他们不会一味地宠爱孩子，有时需要对孩子加以严厉的批评。想法是好的，但有时会难以把握情感，导致孩子与父母之间产生隔阂。祖父母可以为他们融化这层隔阂。祖父母的存在，为孩子提供了心灵的避风港，可以让孩子获得更多的安全感。

当然，这样做不仅有利于孩子的发展，同样有利于父母及祖父母去体会，到底什么才是人生中重要的事物。

当父亲呵斥孩子时，奶奶的一句"你小时候也是一样，真不愧是父子俩"，可以让父亲一下卸除伪装，回到坦诚的自我状态。自己母亲说出的话，他当然是无法反驳的。

通过奶奶的一句话，父亲可以回想起小时候的自己。这是一个人独处时难以做到的。即使可以一个人在回忆中畅游，也总是会回想一些有利于自己的事情。父母双亲的话语，可以帮助我们重新审视小时候的自己。

孩子被父母呵斥后，总会逃入祖父母的怀中。当父母在养育孩子的道路上踌躇不前时，也会倾听祖父母的意见。这种对于我们来说极为重要的慰藉感，只有在三代同居的情况下才会产生。

我曾经提倡应由政府主导的相关委员会推行三代同居的居住计划。不知是否是自那而起，现在政府已经推出了三代同居建筑改造支援计划，让民众可以更加舒适地享受三代同居生活。现在，日本进入了令和时代。这个时代我们不仅要追求全新的事物，也要回顾旧时良好的传统习惯。

实际上，三代同居存在着一定的困难。让都市生活的人们回到故乡，可能会一职难求。繁忙工作中的人们也很难说回家就回家。那么，可以尝试让孩子独自到祖父母家中去。当孩子上小学或者上初中后，应该让他们去祖父母家做客。一周一次，或两周一次，尝试让孩子换个环境。祖父母总能不计一切地包容孩子，孩子的心也一定能够被祖父母的爱温暖。

对孩子的未来过度焦虑

　　孩子初生时，我们由衷地开心，发自内心地感谢他们的平安降生。

　　平安是福，那时候的我们，希望孩子未来的人生可以自由自在，幸福安康。襁褓中的幼儿，在父母的眼中，是满分的天使，是完美无缺的存在。

　　然而，当孩子上小学后，父母的心境就发生了变化。我们会不断提高对孩子的期待，并且将他们与其他孩子作比较。

　　出生时处处完美的孩子，上学后，在家长眼中满是问题。家长对孩子的评分逐步下降。虽然身为父母的我们没有感觉，然而天性敏感的孩子却能感受到我们的变化。对孩子来说，父母对自己的印象逐步变化，是一个不小的打击。

每个人都有擅长与不擅长之事。家长可以认识到自己的不足，却不能忍受孩子的不擅长。我们将孩子与他人比较，过分地关注他们不擅长的事情。如果在你的记忆中，也有过将孩子与其他孩子比较的情况，请马上停止这种做法。你可知道，你的一声叹息，会带给孩子多大的压力？

当孩子发现父母失望时，心情会变得消极、低落。他们会逐渐丧失自信，因为连他们最信任、最喜爱的父母也不认可他们的行为。这是一种自然而然的感情。丧失自信的孩子，最终会丧失在社会中的位置，变得无法融入学校或社会生活。最糟糕的是，甚至会出现对父母暴力相向的境况。如果一个孩子因父母对自己不认可而产生了孤独感，那么每一天的生活都将是一种煎熬。

希望大家不要忘记孩子初生时充满希望的心情。俗话说，人无完人，世界上不会存在面面俱到的人。相反来讲，世界上也不会存在一无是处的人。人皆有所长，以长补短，才是正途。

擅长与不擅长的事情，不一定遗传自父母。父母擅长，则孩子擅长，这种想法是有误的。

父母总会将自己擅长的事情强压给孩子，将自己不擅长的事情隐藏起来。这是身为父母的私心。

虽说孩子的基因承自父母，与父母有诸多相似之处，然而，无论人格或是才能，都是不可相同而论的。父母希望"子承父业"
的心情可以理解，但切忌强加于人。

　　让我们不要再给自己的孩子"减分"，即使只减一分，那份微
妙的情感也会传递给孩子。让我们给他们"加分"，加至平安上了
小学的时候，每个孩子都会是一百分的好孩子。

可以说心里话的场合

日本禅语中有一字为"露"，意为袒露心声。不计周遭，表达最真的自我。我们的一生，也许一直在追寻一个可以完全包容真实自己的人，追求可以互露心声的人际关系。

然而，在现实生活中，互相袒露心声是极为困难的事情。每个人的想法皆不相同，价值观皆不一致。人是感情动物，往往难以冷静地思考对方的言语。

人们实际生活中的人际关系，往往都是表面关系，给人以一种冷淡、寂寞的感觉。虽然我们总说交心的关系才是好的关系，然而事实当真如此吗？

假如你的上司约你喝酒，并对你说："今天我们说点心里话，我希望你可以将平日对我的不满讲出来。"此时，你像孩子一样单纯地相信了上司的话，并对他说出真心话："那我就不客气了。领导，您工作能力也不强，为何总要教训我们这些部下呢？在我看来，他人暂且不论，我的能力应该是在您之上的。"这么说完，结果如何呢？你和上级会失去信任关系，今后恐怕再难以共事了。作为部下，即使所说之言确有其实，抑或是众人所思，也不能放肆地袒露。

因为众人谙熟其中道理，所以总是喜欢说些表面上动听的话。"领导，您工作经验丰富，我们还是新人，对行业涉足未深，请您再给我们一点时间成长。"这样说，上司和部下的关系自然不会被破坏。

这样的场景，不仅出现在公司之中，也会出现在朋友及邻里之间。即使交情再长，有些话也不便直言。只有保持"表面"平和，人与人的关系才得以维持。

人类在社会中生存，便需要与这类关系打交道。然而，处理关系也会让人们备感压力。说到底，每个人都在隐藏自我，如果没有一个可以吐露心声的场合，我们最终有可能迷失自我。

唯一一个可以让我们吐露心声的场合，即不需要隐藏自我、言我所想、无须遮拦的场合，可能只有家人所在的地方了吧。

父母应当为孩子创造畅所欲言的环境，特别是在上小学之前，为孩子营造可以吐露心声的家庭氛围。

随着年纪增长，孩子与父母之间会逐渐产生成年人一般的关系，逐渐无法向对方展露自己的真实想法，开始照顾对方的感受。这也是子女独立的一种表现。

有一天，可能父母与孩子之间的关系也会变为"表面"关系。为了防止这种情况发生，从小接受孩子的真心话便显得尤为重要。只要孩子将父母作为吐露心声的对象，他们之间的关系便不会浮于表面，而是心灵的交融。

/ 第 3 章 /

重要的人带来的孤独

朋友少些亦是好

当进入小学就读时，我们最常听到的话可能是："我能交到一百个朋友吗？"

在这句话的背后，不仅隐含着朋友越多越好的价值观，而且潜藏着和每个人都要和平相处的想法。这种感觉，我年幼时未曾有过。

即使我当时只是个小学生，也还是会有人际交往的烦恼。和某个小朋友玩耍很开心，和某个小朋友在一起有些不自在等等。正因为是孩子，所以更会以真诚的态度与朋友相处。

因此，我不曾有过与每个人保持良好关系的想法。这也从小培养了我选择朋友的能力。

成年后，人与人的关系中更是充满了选择。不论是公司内的关系，还是左右近邻的关系，皆是如此。与所有人保持良好的关系，本就是不可能的事情。在公司左右逢源，八面玲珑，最终只会失去存在的价值。

我们每个人都应该设立一套自己的标准，明确自己想要和怎样的人交往，想要和哪位朋友建立信任关系。

作为成年人，由于性格不合、无法忍受等感性理由拒绝与对方交流是不成熟的表现。成年人一般会选择以维持"表面"关系的形式处理此类关系，将它与真正的关系分开来对待。

你认为无法忍受的人，也一定无法忍受你。当双方都无法忍受对方时，你们之间一定不会产生更深层的关系。表面的交往，便足够了。

许多成年人，即使成年后，依旧保持着"朋友越多越好"的想法。随着社交手段的丰富，SNS（社交软件）成为人们生活中的必备品。只要打开软件，便可以和上百个"友人"进行交流。在他们看来，即使是社交软件，朋友也一样要多多益善。

许多人因此产生了错觉，认为：我拥有一百个以上的朋友，我在社交软件上经常与他们联系，我在他们之中颇受欢迎，等等。如果你也拥有这样的想法，那么我们就来举个例子。假设你生病住院，在病房内不允许使用手机，你和朋友的线上交流机会骤减。

刚开始，有超过五十人给你发送慰问的信息。随着时间的推移，联系你的朋友愈发减少。待你出院时，甚至没有人来接你回家。你会不会感到非常孤单？

这样看来，比起这虚幻的一百个朋友，有一个可以与你交心的朋友，岂不是更好？

禅语曰："把手并行。"意如其字，携手共生。我们需要的是不止同甘，也能够共苦的朋友；我们需要的是一个眼神或表情就能够理解自己的朋友。然而，寻找真心朋友不是一件易事。社交软件中的萍水相逢更不会让你们成为真正的朋友。

具体来讲，我们需要找到在自己住院时第一时间到场关心你的人；需要找到的是即便只有十分钟，也愿意在你病床前陪你聊聊的人。"朋友越多越好"的幻想，总有一天会幻灭，徒增孤独。真心朋友，本来就不会很多。

恋人的事情只需要一知半解

人在互相吸引的前提下开始交往，在一起会产生幸福感。这就是恋爱的感觉。随着恋爱关系的深入，人们总是希望对方能够更加理解自己，同时也会盼望更加了解对方。这种欲望，在恋爱关系中会不断膨胀。

人总是如此，越是在乎与对方的关系，越是容易产生盼望理解与被理解的欲望。然而，这种欲望往往难以得到满足。因为人与人之间不可能产生百分之百的理解。完全的互相理解，归根结底就是一种幻想。我们从一开始，就应该保持合理的距离。

互相理解到底是一种怎样的状态呢？首先，我们会希望别人理解自己。自己的所思所想所念，甚至真正的自我，都希望得到他人的理解。

但是，反问自己，你又是否真的了解自己？你的所思所想，你的所有感受，是否完全保持不变？实际上，我们每天的想法都在发生变化，昨天的所思和今天的所想一定不同。

即使你今日所想得到了对方的理解，对于明天而言，今天的一切全部成了过去。如果你想要对方了解自己，那么试问，你到底想要对方了解哪个自己？

其次，我们希望多了解对方的事情。实际上，世界上也没有方法可以了解一个人的全部。想要了解一个人，我们就需要提出一个又一个问题。我们会插足对方的隐私，甚至想要掌握对方的一举一动和日常生活，仔细想来，这简直就是"跟踪狂"的行径。

在这种情况下，即使我们对对方抱有好感，双方的关系也会在过度的行为下被破坏殆尽。过分地执着于让对方了解自己和了解对方，都不会产生良好的人际关系。

希望与爱人相互理解，是人之常情。但是，我们不能追求完全的理解。爱人的事情，一知半解最为相宜。理解占一半，相处之后也不能理解的占另一半。我认为，这是最佳的状态。之后，随着婚姻关系的建立，双方的了解应该可以加深到六成。

你是否也有过这样的经历？即使和最喜欢的人在一起，也会感到孤独。或者即使双方面带笑容，也会觉得孤单。为何相恋之人在一起，也会觉得孤独呢？那一定是因为你们尚未心灵相通。

其实，正视这种心灵不相通时产生的错过感，会让两人的关系更加亲密。

世界上根本不存在完全心灵相通的人。互相理解，完全不会感受到差别或是孤独的两个人，只有梦境中才会存在。其实，这种完全理解的想法，归根结底是一种任性的表现。他们都自以为理解了实际上根本不了解的对方，而根本不可理解的自己也获得了对方的认可。这是多么幼稚的想法。

随着年纪的增长，他们会逐渐认清现实，认识到人与人之间必然存在不可理解的部分。正因为存在不可理解的地方，才会更多地照顾对方的想法，从而更加努力地靠近对方。

请你一定记住这句话：人与人之间不可能完全理解。

不可完全理解，并不是一件坏事。人与人的联系，总是从不可理解的地方产生。两个人交往，都是从零开始，一步一步地加深对对方的认识。同时，人们也能够让对方一点一滴地加深对自己的理解。珍惜两个人之间点点滴滴的时间，就可以深化两个人的关系。

反观现在的年轻人，他们似乎总是急于让两个人的关系快速升温。实际上，根本不需要焦虑。两个人放松心情，放慢脚步，逐渐磨合才是最好的状态。将心中的话，诚恳地告诉对方，一步一个脚印地加深两个人的羁绊，定会获得成功。

退休后的夫妻日常生活

　　年过花甲的人，会迎来退休生活。许多人因此感到十分寂寞，这是工作几十年的成就感带来的反差造成的。

　　退休手续办妥后的第二天清晨，退休的男人不需要为生活奔波劳碌而早起，可以睡到日上三竿之时。起初，他觉得不用早起是一种幸福，然而却没想到自己依旧会被生物钟支配，早早醒来。

　　百般无奈之下，他走到客厅，按照日常的习惯喝上一杯咖啡或淡茶，边喝边阅读早间报纸。按照过去的时间安排，他本应该只有五分钟阅读报纸，然而今天却有一个小时的充足的阅读时间。早上的例行公事完成后，他发现自己无所事事。身体已经做好了出门的准备，然而却没有需要前往的地方。这时，他觉得被社会抛弃，寂寞难耐。

他的妻子压根儿不在乎丈夫寂寞的身影，依旧我行我素地按部就班生活。上午九点，妻子告诉丈夫自己要出门，当丈夫询问她去哪里时，她很自然地告诉他白天的时间安排。今天妻子要去公民会馆参加合唱训练，练习结束后要与队员们共进午餐。丈夫担心自己的午餐没有着落，妻子却告诉他可以热热冰箱里的剩菜。

丈夫一脸茫然地目送妻子离家。和丈夫不同的是，妻子的日常生活十分充实，且拥有比较稳定的人际交往关系。而丈夫会在这种比较下，愈发不知如何度过未来的日子。这种退休后的夫妻生活，在日本屡见不鲜。

"孑然一身"的丈夫变成了"跟屁虫"，不论妻子去哪里，他都跟着一起前往。妻子去购物，他跟着；妻子去还书，他也跟着。而作为妻子，对丈夫的跟屁虫行为，十分厌烦。因此，日本国内退休后夫妻离婚的情况时有发生。其实，这个过程中最重要的一点在于，退休后如何找到自己的位置。我经常与众人交流，建议大家在退休五年前，开始准备自己的退休生活。

比如可以加强与邻里之间的联系，或者多与同学联络，又或是积极参加兴趣爱好者的集体活动。通过这种方式，在退休前找到度过退休生活的方式。

曾经有一位男性退休后希望与妻子环游日本，报答妻子多年来的辛苦付出。退休一周后，他购买了一辆露营车。

为了给妻子一个惊喜，他开着露营车回到家。见到妻子，他抑制不住自己的兴奋，告诉她："从下周开始，我们用一个月的时间，一起开车环游日本吧！"妻子听了丈夫的话，面露迟疑。一个月的时间对她来说似乎太久了，因为她有许多提前安排好的事情。而且，妻子也不愿开车旅行，因为坐车实在是太拘束了。

结果，从那天起，这位男士就每天生活在停在院子里的露营车里。也许你会觉得很好笑，但这是真实存在的事情。

虽然两人老夫老妻，相伴多年。然而，他们的生活是完全不同的。妻子不知道丈夫在公司的状况，丈夫也无法掌握妻子的日常生活。丈夫甚至单纯地认为，妻子作为专职主妇，社交圈只局限于街坊邻居之内。然而，妻子却有广泛的社交圈，拥有许多朋友。

其实，退休后夫妻生活的重点，就是尊重对方的生活方式，不要试图束缚对方。如果妻子提出想和朋友出游，丈夫最好的做法便是支持并以笑容鼓励。临走时，别忘了送出几句暖心的话，"路上小心点""注意安全"。

两个人只需要六成的三观相通，便可以很好地生活。两个独立存在的人格，本就不可能百分之百相互理解，因此不需要为了这种不可能成立的事情白费力气。同理，退休后的夫妻，只需要三成的心灵相通，即可平安喜乐。

一日三餐，共饮共食，这种简单的活动，就可以让我们消除寂寞的感受。一起共进早餐后，两个人各自做喜欢的事情。如果两人刚好兴趣相投，自是好事。但也不必为了夫妻的标签，强迫两人建立共同的爱好。强迫自己配合对方的兴趣爱好，最终只会成为一种负担。各自享受生活，岂不快哉？

工作总有尽头，婚姻却没有。如果硬要给它加上一个终点，那恐怕可能是在人们驾鹤西去之时吧。两人结伴姻缘路，人间处处皆风景。但愿相敬如宾，莫负爱情。

都市中的孤独感到底源自何处

日本的东京、大阪等超级城市中，居住着数千万的人。生活在大城市的你，是否曾经因为看到周边人充实的生活，而感到些许寂寞？

在大城市生活的人，大部分其实来自不同的地方。他们来自天南地北，五湖四海，来到城市生活的理由也各不相同。适应城市生活并不是一件简单的事。如果从学生时代开始在城市中生活尚且好过，如果是由于丈夫的工作调动随同前往，作为妻子，孤独的感觉会如波涛一样汹涌，无法阻挡。

周边没有认识的人，也没有能够聊天的邻居。即使张口说话，可能由于方言不同，而有所顾忌。去超市购物，找不到家乡的食材。虽说在同一个国家生活，却好似文化和习俗时有不同。

为何生活在城市的人们会产生孤独感呢？其实，语言环境并没有太大的变化，用方言说话也不是不能被理解，这些问题都能够解决。最关键的一点在于，城市中的氛围和我们出生成长的家乡有许多不同。

我到东京生活后，偶尔与乡友相聚。和他们在一起时，心灵总能够得到彻底的放松。"好久没见"，一句简单的问候，可以让人的心灵卸下防备。他们是我的同乡，是呼吸相同空气、享用相同食物、拥有相同观念的朋友，和他们一起度过的时间，对我来讲，是十分特别的。那种松弛感、安心感，是任何其他事物都无法替代的。

生活在城市中，会与天南海北的人交往。在交往过程中，当然会有许多乐事，但有时也会无法感同身受。

即使双方的差别不大，也会在心中产生无法完全理解对方的隔阂。有些人为了加深与对方的关系，便需要不断选择折中的方式勉强自己，最终甚至会给自己造成心理负担。

其中，最明显的差别便是饮食文化。即使是做同一道菜，不同地方的人所用的调味料也完全不同。比如日本东京的口味偏重，而关西地区则偏爱清淡。不同的调味料由不同的工艺制成，味道也自然大不相同。

再详细地说明一下，日本东北地区的人也许比较喜欢吃冲绳料理。当然，在当地旅行时享用一番，必定会觉得鲜美非常。但是如果每天都把冲绳料理摆上餐桌，恐怕他们也会难以消受。

结婚对象，如果可以的话，最好是同乡。我赞同此想法。现在社交软件如此发达，每个人都有可能遇到来自不同地方的真命天子。在城市的大型企业工作，更是会与不同地区的人打交道。南方与北方的人结婚，并不是稀奇事。

然而，虽然没有统计数据支撑，大多数人似乎更热衷于在老乡中选择自己的结婚对象。与同乡在一起生活，可以产生安心感。只要两人曾经同游一片水同登一座山，同呼吸一方空气，心灵上会莫名地产生一种天然的联系。

即使城市生活不易，回到家中，依旧可以展现真正的自我。不必装模作样，也不必努力靠近对方，家中的人自然而然地会理解自己。这种安心感，只有在同乡之间才能产生。

当两人处于热恋之中时，可以不顾一切地体谅对方。新婚之初，妻子做的菜即使味道清淡，丈夫也可以欣然接受。但是，随着婚姻生活的发展，对小事的不满逐渐积蓄成为巨大的埋怨。丈夫会变得渴望味道浓重的饭菜。也许你认为这种小事不值一提，但是，从现实生活来看，口味的偏好在生活中占据了极其重要的位置。

　　嫁娶外国人的夫妇，晚年时经常各食其食。因为年轻时长时间迎合对方的饮食习惯，年长后便更加希望吃到小时候的味道。对于日本人，他们会选择自己动手做味噌汤，外加一锅白米饭。

　　在城市中感受到的孤独感，其实往往是从微小的生活差异中衍生而来的。如果你在都市中感到了寂寞，我推荐尝试品尝点儿家乡菜肴，定会让你重新获得奋斗的力量。

与朋友保持合理的距离

有一位男性朋友，年方三十。我们在此称之为 A 先生。A 先生从地方大学教育学专业毕业后，成为东京电器公司的职员。每逢年中的盂兰盆节时，他都会回到自己的故乡，和大学时代的友人相聚。四个朋友相约在一起，是他每年最期待的事情。他是一名销售员，日常工作非常繁忙，做的是一份劳心劳力的苦力活儿。然而，仅仅和故乡的朋友见上一面，就能让他重新燃起斗志。但是，在他毕业六年后的某一天，他忽然意识到，自己和朋友之间的对话似乎不再有趣了。

原因非常简单。A 先生和他的朋友们都是教育学专业的毕业生，除了 A 先生以外，其他三人都是老师。虽然 A 先生也曾经立志成为一名人民教师，但最终被电器公司的工作所吸引，成为一名公司职员。

　　每年一度的朋友聚会上，大家都会热情地聊天。起初，大家会谈笑往事匆匆，聊一些令人怀念的话题，但是很快，聊天的话题便会转移到学校的事情上。因为只有 A 先生一人不是教师，所以无论如何都无法摆脱学校的话题。

　　最后，话题的焦点一定会落在对学校、学生和家长的不满情绪上。他们向 A 先生抱怨"小学生难对付"，表达自己在工作中的不满。A 先生对学校的情况并不了解，也不好回应，只得连连点头称是。结果，一场难得的朋友聚会，便成为一次无聊的酒席。

　　当看到朋友抱怨连连的样子，A 先生也忍不住思考：曾经那么喜欢小孩子的朋友，为何忽然产生了如此大的变化？眼前的人，真的还是我的朋友吗？明年，还是不要回来了。原来的他们，关系要好。如今，若是失去了这群朋友，A 先生也难免心生寂寞。

　　高中或大学时期的同窗情，总是给人以深厚之感。在同一个校舍里生活、学习，在同一片天空下欢笑、烦恼，那时的人们总是坚信眼前的友谊是永恒不变的。

　　然而，时光流逝，分道扬镳。有人选择留在家乡，也有人选择闯荡城市。工作不同，自然也会有不同的人生目标。即使我们把一个人当作一生挚友，也无法与他同行相同的人生之路。

当然，人的本质是不会轻易随之发生变化的。但是，表面的境况会不断改变。一个人所处的场合不同，担负的责任不同，那么他的看法和思维方式也一定会有所不同。为此，朋友与朋友之间的相似之处，会逐渐变少。这也是成年人成长的方式。

相似之处减少，可说的话也必然会减少。这种情况，总会让人感觉两人之间的关系变得冷淡了。

打个比方来说。专注于抚养孩子和专注于工作的女性之间，很难找到共同话题。即使学生时代关系亲密，随着话题的减少，关系也必然会变得淡薄。虽然这种变化难免会让人心中不适，但也是没有办法的事情。

"诸行无常"——意为一切世间法无时不在生住异灭中。世间不存在一成不变的事物。这是佛教的基本思想，人心也是如此。

大家应该都听闻过类似的表达，"那个人变了""他和原来完全不一样了"。可如果一个人从小到大一成不变，反而更应该担心。人应该适应环境的变化产生新的进步。

如果你感觉和学生时代的朋友产生了心灵上的距离感，没关系，那就保持一定距离吧。不需要勉强自己每年和朋友们见面聚会。如果双方都认为聊不来，那不如创造一段不见面的空当期，彼此留出空间和距离。

　　过几年之后，再尝试和这个朋友见面。你会惊奇地发现，虽然你们已多年未见，却如同昨日刚见过面一般，有说不完的话，曾经的感情也会被重新唤醒。没有见面的日子，仿佛不存在一般。这就是真朋友之间的友谊。

　　如果多年之后，你与所谓的朋友不再相见，那便放任自然即可。虽然学生时代你们关系要好，但不需要强迫彼此见面。你们之间的缘分，仅是学生时期的经历。

　　怎样才能与朋友保持合理的距离呢？在我看来，两人互不委曲求全的心灵的距离，便是合理的距离。你的大脑不需要每日回忆朋友，忽然闪现在脑海中的朋友的笑脸，其实就是最好的思念。

缘与分，人人平等

当适婚年龄的人，一直难以碰到合适的对象，就容易变得焦虑。焦虑的理由各种各样。他们焦虑没有接触有缘人的机会，担心工作过于繁忙没有时间恋爱，甚至抱怨没有令人心动的邂逅。因为没有恋人，他们会感到孤独。

单身的人，总会将"没有缘分""好姻缘不找上门"这些话挂在嘴边。这是旧时常说的话，老人总是把找不到对象的原因怪到"没缘分"头上。

在佛教看来，缘分面前，众生平等。任何人面临的缘分，都是同样多的。当然，有人更擅长把握缘分，而有人则不擅长。

甚至有人感受不到缘分已经降至身边。简单来讲，缘分一物，须自己争取。

　　每日抱怨没有恋人的人们，其中大部分可能都在默默地等待缘分降临。他们多处于被动状态，不为结缘而努力。但是现实是残酷的，不争取则不可能结缘。

　　我经常用梅花的故事来讲述这个道理。冬日将尽春日即来之时，阳光明媚，微风带暖，梅花轻巧地绽放。不过，即使是同一棵梅花树，也同时存在盛开的花朵和没有开放的花苞。为何会产生如此差异？原因在于，暖风一拂即开的花苞，提前做好了准备。不论何时，风来则花开。

　　而那些没有绽放的花苞，往往自以为春日尚远，不必急于准备。简单的准备与否，造就了结果的巨大差异。人的缘分也是如此。时刻准备好接受缘分到来的人，总能在缘分出现时充分把握住自己的缘分。而相反，那些不为结缘而准备的人，往往无法意识到缘分的降临。

　　那么，如何做好结缘的准备呢？其实，真正的准备，不在于时刻寻找适合成为恋人的人，又或是表现出需要恋人的样子。

　　在我看来，真正的准备，在于日常的微笑。不仅是面对初次见面的人，面对经常打照面的同事时，也要微笑着侃侃而谈。当然，不是让大家取悦对方。

　　人类有丰富的面部表情，其中最美的表情是微笑。只有人类，才能够微笑。微笑是我们每个人的至宝。

难得至宝，不用可惜。如果有人冷冰冰地和你问候"早安"，你也许会出于礼貌回复对方，但一定不会与他产生心灵的交集。

与之相反，如果对方满面笑容地问候"早安"，你一定会感受到问候的温暖，感觉一天都充满了希望。

越是擅长微笑的人，越是容易获得良缘，这一点与性别无关。众人为了与充满笑容的人结缘，会逐步聚集在他们的身旁。

恋爱关系，也是从人际关系开始的，两人最初需要为了给对方留下良好印象而努力，然后才有可能发展成为恋爱关系。

因此，渴望恋爱的人，请不要从一开始就抱着功利的目的寻找恋人，应该从创建一段温情的人际关系开始。

日本禅宗中有一语，曰：和颜爱语。意为以温和的笑容、诚恳的态度表达自己。如果双方都能谨遵此条原则，一定可以创建温暖的人际关系。

即使双方发生了感情冲突，也请及时回忆起这句禅语，这可以帮助你有效地缓和自己的情绪。

这句话中包含了温和的笑容和对对方诚恳的关照，做起来并不是难事。任何人只要有心做，必定能够结成良缘。

危机时刻的重要关系

2011 年春天，发生了骇人的东日本大地震。从未体验过的剧烈晃动将人们生活的场所摧毁，当时的场景历历在目。

S 女士是一位年近五十的职业女性。结婚生子后，终于迎来了能够集中于工作的时期。那一天，S 女士请了一天带薪假期在家休息。结果，遇上了大地震。

晃动停止后，S 女士马上打电话给丈夫所在的公司。幸运的是，丈夫所在的公司并没有遭到严重的破坏，丈夫也平安无事。之后，他马上给正在上大学的儿子打电话。由于信号不好，电话很难接通，花了将近三十分钟才确认了儿子的平安。她终于松了一口气，但是同时也感受到了难以言表的孤独和恐惧。

家中的物件在地震的晃动中散落一地，好在自己无事。但是，不知何时会产生余震。面对不可预计的未来，S女士有些不知所措。如果她当天在公司里，周边有许多同事，也能够在遇难时互相帮助。

然而，现在家中只有自己孤身一人。如果物品从上方掉落砸昏自己，那么周边没有人能够及时救她。虽然她已经在此处安家多年，但是身边却没有一个称得上好友的近邻。在整栋公寓中，她孤身一人。这种孤独感沁入S女士的身心，让她备感寒凉。

现代女性由于逐步步入社会，参加工作，人际关系也主要集中在工作关系之中。她们不像专职主妇一样，在社区中有许多熟络的朋友。除了公司的同事，她们很难有机会与其他人交往。曾几何时，男性被认为在生活的社区中没有固定的人际关系，因此，退休后会被社会孤立。

现在，女性也陷入了同样的境况之中。她们居住在公寓里，不知道邻人姓甚名谁。如果恰逢生活在超大型公寓楼中，她们甚至分不清谁是住在同一个楼里的人。危急时刻，她们不知该向谁寻求帮助。年轻时也许可以平稳地过这种生活，然而随着年龄的增大，周边没有朋友会使人愈发不安。

S女士其实也有许多可以在社交软件上联络的"朋友"。但是，如果大家在同一时间遭遇自然灾害，即使在社交软件上寻求帮助，也无法期待自顾不暇的朋友前来救援。这时，身边如果有能够互相帮助和依赖的近邻是最保险的。我们不知道何时会发生大地震，也不知道何时会发生何种灾害，不知道何时最需要别人的帮助。因而，在日常生活中建立身边的人际关系是极为重要的。

与性别无关，每个人都需要创建良好的近邻关系。为了建立良好的关系，打招呼是极为重要的（在第 1 章中已强调），因为打招呼是构建人际关系的基本。但是，仅仅如此是不足够的。从打招呼延伸些许对话，从对话中产生人际关系。

举例来讲，你和对方问候早安，对方也给予了回应。如果止步于此，那么你们仅是混了个"脸熟"。

不要将对话就此终结，如果对方给予了你"早安"的回应，不妨再加上一句话，比如"今天天气好像也很热呢""昨天电车晚点简直一片混乱"。只是如此，就可以让你们展开今天的对话。

只是问候，往往无法给对方留下印象，只会在回想时因为想不起对方的姓名而一带而过。但是，只要说上两句话，对方的面容便会留在我们的脑海中。当你们双方都对对方抱有印象时，你们之间的关系就自然而然地建立了。

不论聊什么话题都可以，只要聊上几次，双方关系加深的可能性将得到大幅度提升。

社区邻里间的交往，不需要特别深入。只要双方性格基本相投，就可以成为关系要好的朋友，不需要强迫自己执着于加深关系。然而，公司内的关系则不同。即使你对某个同事有成见，在工作中也无法避免与对方产生交集。这种心情，最终会成为一种负担。不过，社区邻里的人际关系，相对轻松，双方聊得来，便足矣了。

为什么身在一起，心感孤独

　　有些人和恋人在一起时，会感觉孤独；有些夫妻同处一室，也觉得自己孑然一身。你是不是也曾有过这种感受？两个人身在一起，心感孤独，产生这一感受的原因看似深奥玄妙，实则十分幼稚。

　　和恋人在一起时的孤独感，究其根本，大概来源于要求对方"与自己完全相同"的意念。夫妻也是如此。人们固执地认为，身为夫妻，必要同心而行。一起生活，也要吃一样的食物。

　　当双方产生分歧时，总会尝试将其调整至统一。比如，当双方想法不同时，人们总是会产生消除不同的冲动，不能容忍两个人之间存在不同。其实，只需要理解对方，正视不同，就可以解决问题，而人们总是将自己的想法强加于对方，结果往往带来失败。当人们不能用自己的力量改变对方时，就会产生孤独感。

相反而言，不会将自己的想法强加于人，认为"反正没多大事情，就按照对方说的办"的人，反而很少产生孤独的感觉。鸡毛蒜皮的事情，根本不值得我们陷入孤独。总之，关键就是要抛弃"任何事情都要一样"的执念。

我们需要放弃"非黑即白"的观念。我们容易产生非 A 即 B 的想法。"幸福与不幸福""美与丑""好事与坏事""正确与错误""富裕与贫穷"等，一定要选个结果出来。

不论是恋人还是夫妻，都会产生不同的想法，如果一定要二选一，固执己见下去，双方最终会产生根本的差距，陷入不断的争斗之中。

例如夫妻二人探讨孩子教育的问题。丈夫想让孩子上私立中学，将来成为医生。妻子则想让孩子发挥音乐特长，上音乐学院。两个人都是为了孩子好，但是也许两个人的选择对孩子来说都是负担。

首先，夫妻双方为孩子选择的道路，都是除此之外别无他选的道路。孩子真正想从事的工作是什么，他热爱哪条人生道路，才是应该考虑的问题重点。夫妻二人的争论，止步于表面上道路 A 或 B 的选择，而忽略了其中孩子的真正感受。

恋人之间也是如此。结婚典礼是西式还是传统，宴席是西式还是传统，其实都无所谓。只要两个人感觉幸福，不就足够了吗？

两个人拥有两个完全不相同的人格，想法和感受不同自然是理所当然的事情。硬要异归于同，必不会有好结果。存异是最好的状态。如果两个人想去的地方不同，那么便可以分开旅行。

想吃的食物不同时，如果愿望非常强烈，那么也可以选择各自果腹。当然，这是极端的案例，只是希望大家能够通过阅读，放下"必须相同"的执念。

各执爱好，各做其事，也是好事。相互尊重对方的意见，偶尔分道前行也是可以的。结婚后，两个人基本会在同一条"大道"上走过自己的人生之路。"大道"之上，偶有"小径"，这时完全可以自由探索。想去的人便去"小径"上逛上一逛，又有何妨？终究，两个人还是会回到自己的"婚姻之路"上。

在这种生活方式下，最终伴侣会成为如同空气一般的存在。我们不需要用意识感应空气的存在，但是却无法离开空气而存活。夫妻之间的关系，大致如此吧。

即使两个人在一起，也不会介意对方。对方在与不在，皆不会对自己产生影响。我认为，这便是夫妻之道。如果双方都能够成为对方的"空气"，那么夫妻之间便不会再萌生孤独之感了。

两人因寺院而结缘

曾经，每个村庄里都会有寺庙以及神社，寺庙是当地人们获得慰藉休养的地方。人们总会找各种各样的由头，聚集在寺庙之中。村民们会在寺庙中开会，小孩子会在寺庙内玩到天黑，甚至还有教授孩童知识的寺子屋①。村民一有烦恼，便找住持解惑。寺院甚至可以为人们指点人生的迷津。

寺院近在咫尺，却有不同于日常的空间。在繁忙的生活中，人们可以在寺院中反省自我。在家中无法思考的问题，在寺院中总能沉下心来思考。我希望，寺院能够一直保持着帮助人们发掘内心真我的功能。

———————————

① 寺子屋是日本江户时代寺院所设的私塾，又作寺或寺小屋。

　　我的寺院中有一位年轻的女施主，面目清秀，举止优雅，偶尔前来扫墓。

　　女施主告诉我，她有一位正在交往的男朋友。他们以结婚为前提正式交往，但不知何故，男朋友一直不肯讲述自己的事情。虽然，了解一个人也不必了解他儿时的种种，但女施主一直十分在意，希望能听到更多男性小时候的故事。

　　有一天，女施主与男朋友一同前来扫墓。他们打扫墓碑，供献鲜花，供香，然后，双手合十。祭拜完成后，男子站在墓碑前，缓缓地说起了话。

　　"每次来寺院，我都会想起祖母。因为母亲早逝，我小时候是和祖母一起长大的。每次来为母亲扫墓，都是与祖母一同前来。因此，每次到寺院来，祖母的音容笑貌都历历在目。"

　　女施主从未听男子讲述过这段往事。虽然她早已知道男子的母亲早逝的事实，却也从未听闻过他祖母的事情。当然，男子也应该在寻找向女施主表达的机会。而来到寺院扫墓的这一天，恰好成为男子诉说心事的"机会"。

　　寺院是一个不可思议的地方，里面的氛围让人们远离喧嚣的日常。如果两人是在咖啡馆中聊到祖母，可能这个话题就会像一段"资料"一样苍白地呈现在双方面前吧。

说不定，比起单纯地传达从小与祖母生活的事实，他正在找寻一个机会向女施主传递更多的信息，告诉她他对祖母的爱，告诉她他对祖母的感谢。而能够传达这份情感的场合，仅在寺庙之中。

女施主充分理解了男子的心情，她告诉他：我完全理解你的感受。两个人的关系，瞬间发生了质的飞跃。

人际关系中，场合发挥着重要的作用。不同的场合会产生不同的人际关系。

打个比方来说，你在公司中有一位敬而远之的同事，平日尽量不与他产生私交。然而，你们却同时参加了公司的网球俱乐部。当你们一同沉浸在网球的运动中时，对方给你的感觉仿佛变了一个人，和工作时的状态完全不同。在工作中因为失误对他人严厉指责的人，在网球场上却不断鼓励失误的队友。你会第一次认识到，原来他还有在工作中不为人知的一面。

通过俱乐部活动中的接触，你对他逐渐产生了信任感。这反过来会推动你们在工作中的关系。当他再次批评你的时候，你也不会特别在意与生气。

换句话说，在公司内，人们只会以公司中的标准判断一个人，从而使人际关系恶化。这种事情颇为常见。

与朋友和恋人的关系恶化也是常有之事。随着关系的深化，人们不断地暴露出真正的自我。

总之，在关系之中，人们最终会变得任性，也会因为小事而冲突。

如果遇到此种情况，建议大家尝试在不同的环境中与他人碰面。不要约在经常光顾的咖啡厅，选一个你们从来没有共同去过的地方，一个远离日常生活的场所。也许，你会发现，你们变得冷静，能够客观地反思自己的行为。将双方置于稍不同于日常生活的地方，也许两人之间会产生新的火花。

／第 4 章／

工作和人际关系的烦恼

职场上被孤立的人们

公司里，总有一些人因人际关系深感苦恼。他们没有能够推心置腹的同事，在部门中感觉自己被孤立，工作时也并不愉快。这样的人并不在少数。这时，我会向他提出一个问题："你来公司的目的是什么？"

我们来公司，当然不是出于个人的兴趣爱好，而是因为那里有我们需要去完成的工作。投身职场，努力完成自己的工作，不仅是给公司，同时也是在为社会做贡献。作为工作的回报，我们每个月都能拿到属于自己的那一份薪水。

我们来公司上班的目的也是非常简单明确的。一是为了通过劳动为社会做贡献，实现人生价值；二是为了获得生活所必需的收入。

只要明确了这两个目的，人们应该就不会再去顾虑没有交心的朋友，或者是被同事们孤立之类的事情了。

能与同事处好关系当然再好不过，但是反过来想一想，难道我们非得与同事们推心置腹不可吗？只要能够和同事保持工作上的正常沟通与交流，那么工作就不会存在障碍。相反，假如一个人平时与同事们相处得很好，但一到工作时就掉链子，那么，他一定不是一名合格的公司职员。

此外，那些因为受到同事们孤立而感到烦恼的人们，应当自我反省一下，是否完成了公司分配的工作。公司中的各个部门都有必须完成的任务，而这些任务又会具体分配到部门里的每名职员身上，你是否完成了属于自己的那份任务呢？

接下来的话稍有言重。其实，那些在职场当中被孤立的人，大多是由于没有能够完成好自己的工作。换句话说，如果能够完美地完成自己的工作任务，成为部门当中不可或缺的存在，那么这个人是不可能被孤立的。这是因为，孤立优秀的人才，对公司来说有百害而无一利。

有人说自己不擅长和别人沟通，但是，这完全没有必要在意，关键是能否将工作做好。只要能做好自己的工作，即使不擅长与人沟通，也无伤大雅。

沟通能力可分为两种。

第一种，是在与朋友或恋人交往的过程中获得的一种沟通能力。这种能力能够帮助我们与同事维持良好的关系，与上级和下级进行愉快的沟通。这种能力，受先天条件与后天教育环境的影响，并不是每个人都具备。如果认为自己不擅长与别人沟通，多半是惧怕在交流中掺杂感情。

第二种，是一种客观且不掺杂个人感情的沟通能力。这种能力并非要求我们凭借个人喜好与别人建立关系，而是为达成某种目的而进行的功利的沟通。

可以说，在工作当中，我们更需要的是第二种沟通能力。

因此，那些认为自己不擅长与别人沟通的人，公司对他们第二种沟通能力的要求更多。公司需要的人才，是不会轻易受到负面情绪影响，不意气用事，能够集中精力达成目标的人。

当然，若是同时具备这两种沟通能力的话，那就再好不过了。既能够体谅对方的心情，又能冷静地做出判断。这种人虽然有，但毕竟只是少数。

与大学里的社团和志愿者队伍不同，公司是一个需要员工齐心协力完成工作的地方，请牢牢记住这一点。

即使领导和下属相互看不顺眼，甚至互相讨厌，也没有关系。只要两个人能够齐心协力地在工作中取得好成绩，他们两人就是公司的最佳搭档。公司就是如此。

那么，怎样才能避免在职场中被孤立呢？这就需要我们去努力做好自己的工作，并且要做出成果。只要能够做到这一点，就不会被孤立。换句话说，就是要成为公司当中不可或缺的人才。

如果在公司中并没有受到孤立却还是感到孤独的话，想必是没有搞清楚来公司的目的。弄清自己该做的工作是什么，把精力集中在工作上，一般就不会感到焦虑了。

公司并不是生活的全部

　　一天二十四小时，在公司至少要工作八个小时。如果加班的话，可能会达到十个小时，再加上上下班路途的一个小时，那么一天当中有一半的时间都花在了工作上。

　　人的精神多少总会受到所处环境的影响。长时间待在公司的话，脑子思考的就几乎都是公司的事情。

　　假如公司里有令人讨厌的领导或者同事，虽然整日低头不见抬头见，但仔细一想，就会发现其实与他们真正接触的时间并没有多久，最多也就一个小时。然而，也正是这一个小时，让人感觉宛如身处地狱一般，分秒难熬。

　　下班以后，走出公司，白天发生的不愉快仍徘徊在脑海中。即使强迫自己不去想这些，它依旧时不时又浮现出来，阴魂不散。

越是不愿意想的事情越是跃入脑海，明明忘掉就好了却总也做不到。其中的原因就在于没有放下对公司的执念，把工作和生活混为一谈了。

认为工作就是生活的全部，除此之外再无其他。如果总是这样想，那就很难忘掉公司里的事情。

在小学或者初中，经常会有孩子因为在学校里受欺负，最后不来上学。那么，为什么会发生这样的事情呢？

这是因为他们把学校当成了生活的全部。如果在学校里待不下去了，就等于失去了能够继续生活下去的地方。正是因为这种心态，他们不断地委曲求全。

成年人也一样，容易错误地认为公司就是自己生活的全部。如果在公司待不下去了，等于失去了能够继续生活下去的地方。为了能够继续在公司待下去，只好勉强自己，迎合他人，有时甚至会对自己的内心撒谎。

长此以往，他们需要承受巨大压力，最终身心都遭到伤害。要改变这一现状，首先要知道的是，公司并不是生活的全部。世界很大，生活有很多方面，要学会发现公司以外的生活。

在此，我给大家介绍一下"结界"这个概念。所谓"结界"就是指为防止外部侵袭，从而设置的一个用以保护自己的空间。

简单来讲，就是创造一个小型空间把外部世界隔开。

我们在生活中就要学会设置一个这样的"结界"。下班以后走出公司，准备前往离公司最近的地铁站。走在路上想整理一下情绪，可是白天在公司发生的事情一直在脑中挥之不去，"唉，还有一个工作任务没有完成""领导说的那句话真让人火大"。特别是如果当天的工作不顺利的话，那大脑就更难冷静下来。

地铁上摇摇晃晃，前后都挤满了人。白天发生的事情不时在脑中闪过，手里翻开的书也看不进去，好不容易挨到离家最近的那一站。来到了出站口，那么，接下来就尝试一下在出站口设置一个"结界"吧。走过出站口，就相当于穿过了"结界"，进入了一个与公司毫不相关的全新世界，白天公司里发生的那些不愉快的事情将忘得一干二净。

进入"结界"以后，路上的风景与上班时的风景完全不同。路灯照亮了一草一木，即使是在夜晚仍显得十分美丽。走过这段路就到家了，家人正等着你回来。到了家门口，里面传来孩子们嬉笑的声音。按下门铃，有人为你打开家门，伴随着一声熟悉的"回来了？"就完全进入了一个全新的世界。

人生当中总要有几个可供停泊的港湾。"公司就是我唯一的港湾"，"家人在的地方就是我的港湾"，能说出这些话的人，一定非常热爱工作，重视家庭，想必也非常幸福。

　　然而，可供停泊的港湾不会永恒存在。人总有离开公司的那一天，家庭也会随着时间而发生改变。所以，一直等待你归来的港湾是不存在的，这一点必须明白。

学会抓工作的重点

　　职场中被孤立的原因主要有两个，那就是工作和人际关系。如果是工作的原因导致被孤立，那么就要想办法一步步地努力走出这个困境。

　　任何事物都是有重点的，所谓重点就是事物最主要、最核心的部分。

　　任何工作也同样都有重点。完成一项工作需要许多步骤，其中最为重要的一个步骤就是这项工作的重点。

　　在工作当中，总有一些工作能力非常强的人。仔细观察一下这些人的工作方式，就会发现他们总是能够以最短的距离朝着工作目标前进，其间没有任何多余的行为。由此可见，工作能力强的人，往往都是抓住了工作的重点。这种人在职场中是不会被孤立的，不论性格如何，至少是一个值得周围同事信赖的人。

然而那些工作能力不强的人，一般抓不住工作的重点，搞不清何为目前最重要的事情，也不知道何事应该得到优先处理，总是在绕弯路。这样一来不仅使整体的工作进度变慢，也拖了其他同事们的后腿。长此以往，必然会被同事们孤立。

如果搞不清工作的重点，那就要注意多去观察那些工作能力强的人是如何工作的，多向他们取取经，甚至可以直接向他们请教："请问处理这项工作最先应该做什么？"这并不是一件丢人的事情，相反，不懂装懂的人才是最应该感到羞愧的。

人际关系同样如此。有人总说"自己不擅长处理人际关系"，这不过是借口而已。我认为，与人打交道并不存在所谓擅长或不擅长，要想提高与人交往的能力的话，就必须依靠自身的努力。

与人打交道同样要抓重点。想与别人搞好关系，就要努力去搞清楚对方想要的是什么，自己又是否能够满足对方。

禅宗的修行同样要抓重点。师父的教诲，不仅要咀嚼其含义，还要思考师父言语背后的真谛，以及师父真正的用意。为此，弟子要废寝忘食地去思考师父话语里的重点。

师父在传道授业的时候，同时也要去理解弟子的想法。知晓弟子是否能够理解自己想要传达的意思，以及能够理解到何种程度。为此，双方都要诚心相待，抓住对方的重点。看着对方的眼睛，倾尽全力去读取对方的心思，这也是一项非常重要的功课。

当然，公司里的人际关系与禅宗的修行毕竟不是一回事，但同样要努力搞清楚对方的想法。

与人打交道，看的不是表面上的技巧。要记住以下两点：①话虽不多但要直击人心；②站在对方的立场去理解对方想要的是什么。如果能够做到这两点，在职场上就不会被孤立。

没有与领导搞好关系怎么办

在公司这个集体当中，领导是一个无可回避的存在。有人看到领导就不由自主地想要躲开。然而，要是与领导处好关系，往往就能从领导之处学得许多有益的工作经验。所以，与领导处好关系，对提升自己能力有很大帮助。客观地相互看待对方，为了完成工作互相合作，不掺杂不必要的个人感情，这是领导与下属之间的一种比较理想的关系。但现实当中，领导与下属的关系难免会掺杂一些个人感情，并直接影响双方之间的关系，而且当矛盾加剧的时候，有一方就会受到孤立。

佛陀说，世间的万事万物无时无刻不在发生变化，没有事物是永恒不变的，也没有事物会永远停留在一个地方。

公司同样如此。十年、二十年，领导层会不断更迭。在普通的公司，一般每隔几年就会有人事上的变动。也就是说，只要再忍几年，现在的这个领导就会换成别人，或者说不定在这之前自己就已经去了其他部门。总而言之，我们是不会与某个领导相处一辈子的。所以，走出公司以后，就把领导的事情全部忘掉，尽情享受属于自己的愉快时光吧。

　　有些人在下班后，一边与同事喝酒一边说领导的坏话。难道他们不觉得这种事情毫无意义吗？好不容易能跟同事聚在一起高高兴兴地小酌几杯，不如聊一些高兴的事情，把那些不愉快通通抛于脑后。

　　人多少都会有些自我中心的倾向，彻底的"利他"是不存在的。但是，当过于强调自我时，往往就会产生冲突。简单来说，"争吵"的本质就是"自我"之间的碰撞，是自我意志与他人意志的冲突。

　　"自我"是需要克制的，要多站在别人的立场思考，不要总把错误归结于领导。要多思考，事情的原委中，领导是否真的有错。有没有可能是自己的错误导致了这次冲突呢？因为人与人之间的矛盾，大多是因为双方都存在问题，很少会出现只有一方犯了错的情况。"相互尊重"是起码的智慧。

与下属相处的方法

性骚扰和职权骚扰是当今社会两个比较敏感的词，同样也是各公司人事部面临的两大棘手问题。"骚扰"几乎已经成了流行语，光是"××骚扰"的这类组合词就有接近二十个。

在以往，受害的一般都是被骚扰的一方。可是现在，有很多人因为被指控骚扰正经历着巨大的痛苦。特别是一旦被下属指控职权骚扰，那么被指控的领导几乎再无翻盘的可能。哪怕初心是为下属着想也是徒然，只顾维护公司形象的人事部可不会管这些，而是立刻将该领导调离岗位。

曾经有一位部长向我吐露过他的故事。这位部长年近五十岁，因受到职权骚扰指控调离岗位，我们暂且将他称作 B 先生。B 先生原本在大型建设公司担任销售部长一职，手下有十名下属。可是突然有一天，有部下指控他职权骚扰，使他被迫调离销售的岗位。

在与 B 交谈的过程当中，我能够感受到他是一个非常坦诚的人。从他的话语中可以感觉出他非常为下属着想，希望通过自己的努力，把十名下属都培养成公司里能够独当一面的人才。

他把自己工作以来积攒的经验和诀窍尽可能地传授给下属，试图将他们培养成销售精英。这一初心一直伴随着 B 先生工作的始终。

然而，B 先生喜欢将自己的工作方式强加给别人，这种做法，在部下看来则是严重的职权骚扰。B 先生年轻时，晚上经常一直工作到九点、十点，加班是家常便饭一般的事情，也正是凭借着这种努力他才当上了部长。所以他想把他的经验传授给下属，希望他们能够早点出人头地。

十名下属当中，有两人对 B 先生的做法表示理解，赞同 B 先生的工作方式和思维方式。然而对于另外八名下属来说，B 先生的做法带给他们的只有痛苦。

假如没人赞同 B 先生的做法的话，他或许还不会遭到指控。因为，如果十个人都对 B 先生的做法表示不满，那么即使他再如何固执，也会重新反思一下自己的做事方法。可正是因为有两名下属赞成他，使他错误地以为其他下属早晚也会支持他的做法，于是依旧我行我素。

后来，八名下属再也无法忍受 B 先生的做法了，向人事部提出了对他的指控。另外两名原本支持 B 的下属为了维护好与其他八名同事的关系，最终也站在了同事的一边，这也是可以理解的。所以，最后只有 B 被迫调离岗位。

"一个半个"，这是一句禅语。传说当年天童山的如净禅师曾经对道元禅师说："留一正脉还于众生，以承释迦之一，则吾道不绝矣。"随后道元禅师便回到了日本。

"一个"即表示一个人，"半个"即表示半个人。这句禅语的意思是，得我真传的弟子哪怕只有一两个也是好的。师父要教给弟子的东西有很多，所以哪怕只传给一个人也没问题，只要能把所有智慧都传授给这个弟子便好。这就是如净禅师的智慧。

教徒弟贵精不贵多，是否有弟子能继承师父的衣钵关系到继承与发展的问题。"一个半个"意在此事。

在我看来，这个道理在职场中同样适用。每个领导对待下属的方式都是不同的，但都会盼望着下属快点成长。不过，把自己的所有经验都传授给下属终究是一件不可能的事情。

每个下属的性格和思维方式不同，因此，对于领导的观点，有人会赞成，有人会反感，团队就是如此。

人各不同，向下属传授经验也是一门艺术，需要用心思考。

不被当成好人也没有关系

在职场中不想被孤立，跟谁都想搞好关系，想要尽量不被人讨厌，希望被所有人喜欢。有些人正是因为这种想法过于强烈，想成为大家心目中的"好人"，才会为难自己，讨好别人。这种人经常会被别人叫去帮忙，在职场中也常常被前辈或同事使唤。

"我有点儿忙不过来，能过来帮我一下吗？""不好意思，我今天有事必须回去，今晚可不可以替我完成这项工作？"眼看快要下班了，却有人找你帮忙。

"没问题，不就是多加两个小时班吗？交给我吧。"拒绝的话觉得有点对不起人家，所以即使心里想要早点回去，嘴上却满口答应。

因为能够帮到别人，所以你也许多少会有些欢喜。觉得别人信任你、喜欢你才会找你帮忙。

因为你总是给别人帮忙，所以同事们都说你是一个好人。然而这并不一定是一个积极的评价，也许他们只是把你当成了一个工具人。

为什么每次有人找你帮忙，都不能明确地表示拒绝呢？这是因为一旦拒绝的话，可能导致关系的破裂，这正是你所害怕的。"难得有人找我帮忙，要是拒绝的话，那不就等于辜负了别人对我的信任吗？"越是忠厚老实的人往往越容易这样想。

帮与被帮，需要保持一个基本的平衡。这一原则在职场上同样适用。今天你帮我，明天我帮你，大家相互帮忙才是正常的。要是你总是帮别人，而别人却不帮你，那就不是同事关系，而是主仆关系了。

当别人找你帮忙的时候，首先要对帮助的内容做一个整体的、客观的评估。估计一下这个任务难不难，会占用自己多长时间。做好评估后，觉得可以帮就给予帮助，而且一开始就要明确地告诉对方："这一部分我大概两小时能做好，但是其他部分的话，因为我也很忙，所以爱莫能助。"

如果帮助的内容正好是自己擅长的部分，且不会占用自己太多时间，那么是可以答应的。

但是，如果答应的事情超出自己能力范围，导致无法如期完成，该怎么办呢？这无论是对于请求帮忙的人还是对于答应帮忙的人来说，都是一件糟糕的事情。所以，轻易许下承诺，有时反而会给别人带来麻烦。做不到的事就要明确地拒绝对方，这样才能建立基本的信任，工作当中必须注意这一点。

"好人"总是在给别人帮忙，精明的人又总是在利用"好人"。想必大多数人都会厌恶耍小聪明的人，因为他们总想着利用别人来使自己占到便宜，为了减少自己的任务把工作甩给别人。

发生这种事情不仅仅是一方的问题，而是双方都有处理不妥之处。利用别人固然是错误的，不会拒绝别人同样有问题。

善于利用别人的人，会经常寻找好说话的对象，一旦发现了工具人，就会去将工作集中甩给对方。

如果周围没有工具人，那只好自己来完成了。不过这样也能提升他们的工作能力，并不是一件坏事。

坐冷板凳的人也有发挥价值的一天

禅语"夏炉冬扇",从字面意思上看就是夏天的炉子和冬天的扇子。夏天天热不需要炉子,冬天天冷用不着扇子,这句禅语就是用来指代那些不合时宜的事物。

在公司当中,总有一些坐冷板凳的员工。对于公司来说他们好像并没有什么价值,甚至被说成是累赘。虽然每天按时上班,却始终拿不出像样的成果。整天对着电脑,也不知在做什么。遭到孤立和冷遇对他们来说是家常便饭。

日本的经济高度成长期① 是一个欣欣向荣的时代。在那个年代,即使工作做得一般,周围多半也睁一只眼闭一只眼。所谓

---

① 1955 年到 1973 年间,日本的经济发展过程被称为经济高度成长期。

"宴会部长"指的就是那些在工作上没有什么成绩，但一到公司聚会的时候就忙里忙外的人。这类人在当时也会被算作是同在一家公司工作的好伙伴。

然而，悠闲的时代已经过去了，成绩才是硬道理。公司里的竞争越来越激烈，每个人都在战战兢兢地工作。

当然，在市场经济的环境下，要求每位员工做出业绩也是理所当然的。只有每位员工都拿出各自的工作成果，公司才能得以发展壮大。

然而，也正是在这种激烈的竞争当中，我们很容易忘记一些重要的事情。

想要取得成功，仅凭一个人的力量是不行的。表面上看起来是凭借个人力量完成的事，背后一定少不了同事和下属们的默默支持。在那些默默无闻的人当中，往往有那些坐冷板凳的员工们的身影，我们不能忘记他们的贡献。

另外，还要记住的一点是，没有人能够做到持续不断地成功。公司确实有一些员工时不时取得较好的成绩，而有的员工却连小的成果都无法获取。但是，如果用长远的眼光来看，能够持续成功的员工几乎是不存在的。要是把时间跨度拉到十年、二十年，就会发现大多数员工的业绩几乎是差不多的。

有些员工明明已经很努力了，却还是没有业绩，或许是因为努力的方法不对，也可能是还没有得到幸运女神的眷顾。所以，不能因为暂时没有取得成果而嘲讽甚至排挤他们。

人生就像坐过山车，有高峰，也有低谷。无论你现在多走运，总有一天也会走下坡路。

说不定在某一天，自己也会坐冷板凳。所以当你走运的时候，看到不幸的人，最好伸手帮一把。这样的话，如果有一天自己也陷入困境，被你帮助过的人也会向你伸出援助之手。在职场当中一旦有人被孤立，那么孤立与孤独的连锁就开始了，每个人都变得战战兢兢，害怕自己被孤立。

现在很多人把"夏炉冬扇"解释为没用的人或事物，但这个词的本意并不是这样。这个词的本意是，即使现在派不上用场，但总会有一天能够发挥其价值。人们并不会因为夏天用不到炉子而把炉子扔掉，也不会因为冬天用不着扇子就把扇子丢弃。因为一旦时机一到，它们就会变成必不可少的东西。

在派上用场之前，炉子和扇子都会被人们小心翼翼地保管好。人也是如此。

在职场中那些不起眼的人，看起来像是公司的累赘，但这个世界上不存在没有价值的人，总有一天他们也会发挥出自身的价值。为了迎接那一天的到来，就要不断地提升自己，千万不能丢掉自信。

当你在考虑跳槽的时候

　　跟以前相比，现代社会中，跳槽的人越来越多。以往，只要进入一家公司，一般人都会干到退休。而当今社会，人才的流动性更大，也更加自由。当然，我没有打算探讨跳槽之事的好与坏，因为这需要每个人根据自身情况自行判断。

　　重要的是，当你在考虑是否要跳槽的时候，首先要冷静地思考一下自己为什么想要跳槽。

　　想要跳槽的人，理由无外乎以下几点：①不喜欢目前做的工作；②觉得自己应该做比现在更好的工作；③与同事合不来；④不愿和同事共事。

　　但要知道的是，不论是谁，想要做自己喜欢的工作，一般都要花个十来年的时间。

从人际关系的角度来说，这种状态类似于自己不肯敞开心扉，不积极争取，却期待着周围的善意；明明自己能力不足，却总把问题都归结于别人。所以，有些人辞职去别的公司，正面来讲是"跳槽"，实际上只不过是在逃避现实而已。

有很多人认为自己不应该留在原地，而是应该去寻找更好的去处，当然，这也是人们追求新天地的一个动力。不过，道元禅师给我们提供了另外一种思考方式。

"大地黄金"一词出现在道元禅师的著作《正眼法藏》中。只想寻找更好去处的人，往往认为世界上存在遍地黄金的理想国，然而，道元禅师说，黄金之地仅是海市蜃楼，不存在于世间。

黄金遍布大地，发出金灿灿的光芒，那才是自己的理想之地。我们不应该追逐虚无的幻想，应该关注脚下的土地。在如今生活的地方，哪怕过得不如意也不要把问题归咎给别人，而是要尽自己最大的努力去克服困难、渡过难关。即使痛苦也不要逃避，要接受痛苦、直面痛苦，通过不懈努力把如今自己生活的地方变得满地黄金。

有人觉得现在的工作并不是自己想要的工作，那究竟什么才是自己想要的工作呢？无论是什么样的工作，只要努力去做好，就会渐渐寻找到头绪。也就是说，人们在一开始往往根本不知道什么才是自己想要做的工作，做好手头的工作，随着阅历的增加，自然而然会明白自己究竟想要做什么。

曾经有一位女施主来找我谈心。她进了一家自己一直很想去的公司，工作了一年，却一直只被安排做杂活儿。

她说，同事们都被安排了不少有意义的工作，可交给她的尽是一些杂务。这种情况持续了一年，她已经再也无法忍受了，想跳槽去别的公司。难得进入理想的公司，却每天只能处理杂务，她的焦虑我感同身受。听了她的话后，我给了她一个小小的建议："每天做机械性的劳动确实会让人身心俱疲，跳槽也不失为一种选择。但是，我还是建议您再坚持三个月，如果实在不行，再考虑辞职。在这三个月里您可以尝试尽自己最大努力去做好自己的工作，相信一定会出现转机。另外工作当中是没有杂务的，任何工作都具有意义，只是您的内心将其归类为杂务而已。"

听完这一番话，她若有所悟。看到她的表情，我就感觉到她一定是从刚才的话语当中发现了重要的事情，而且应该已经知道自己接下来该怎么做了。

听说，那位女性在后来的工作当中，即使是杂务也做得非常认真。比如，为了让会议资料看起来更一目了然，她在整理的时候下了不少功夫。

　　以往她只是漫不经心地做这些杂活儿，而现在则是用心地工作，无论被安排了多么"无聊"的工作，她都笑着答应。果然，不久就有重要的工作安排给了她。三个月过后，她已经不再去想跳槽的事情了，她凭借自身的努力造就了属于自己的"黄金职场"。

　　当然，太过压抑的职场还是早早离开为好，要是整天郁郁寡欢那就太划不来了。但如果觉得自己还能勉强坚持一下，那就试着再努力三个月吧，三个月过后，想必会柳暗花明。

/ 第 5 章 /

与孤独相处的方式

寻找能够相互倾诉的场所

禅语中有"同事"一词，当然，并不是指一同共事的同事。这个词的意思是，如果不能站在对方的立场思考的话，就无法真正地理解对方。

我认识一对夫妻，他们二人原本有一个上小学的孩子。孩子很喜欢自己的学校，每天都背着大大的书包，开心地去上学。看着孩子的身影，做父母的打心底为孩子的成长感到高兴。然而，不幸的是孩子在一次交通事故中，永远离开了人世。

孩子的逝去令这对夫妻万分悲痛，尤其是孩子的母亲，更是陷入了极度的痛苦之中。在结束了四十九天的法事并将遗体安葬后，孩子的母亲每周都会去孩子的墓前看望。孩子的父亲由于必须去上班，所以工作起来多少能排解一些悲伤的情绪。可孩子的母亲，只能终日一个人以泪洗面。

之后大概过了三个月，孩子的母亲又独自一人来到了孩子的墓前，我碰巧看到了她。她的样子让我有些震惊，可以说整个人都已经憔悴到了极点。看着她失魂落魄的样子，我决定上前跟她打个招呼。

我对她说："这段时间想必您非常难过吧，但生活还要继续，请您一定要向前看，您的孩子一定也希望您能够开心地活着。"

听完我的话，她的眼眶里顿时充满了泪水。

"周围的人都很担心我，也都对我很好。尽管他们都在对我说请节哀顺变，但没人能理解我的痛苦，好像这个世界上只剩下我孤身一人。"

当有人陷入极大痛苦的时候，周围的人往往会对他说"请节哀顺变"，或者"我非常能够理解你的心情"。尽管是发自内心地想让别人振作起来，但总感觉是站在一个旁观者的立场上，缺少了真诚。

这是很自然的，因为痛失爱子的经历很难相同，更难体会。想象一下自己的孩子因故去世，或许能够稍微体会到这位母亲的痛苦，但无法做到真正的理解。真正能够理解她的，只有那些有过相同经历的人们，也就是所谓的"同事"。

于是，我对那位母亲说："这个世界上，有许多痛失爱子的父母，因事故失去家人的人更是数不胜数。您可以尝试去他们聚在一起的地方，互相倾诉一下自己的痛苦。"

她接受了我的建议，夫妻二人加入了因交通事故失去亲人的团体。果然，通过与"同事"相互倾诉痛苦，他们终于慢慢从悲痛中走了出来。

"同病相怜"说的就是，有过相同不幸遭遇的人会互相同情，互相治愈。

也许有人不喜欢向别人诉苦，认为这是丢人的行为，会暴露自己的脆弱。

然而我并不这样想。向别人诉苦既不是坏事，也不会暴露人的脆弱。因为，每个人在痛苦的时候都需要别人的安慰。

独自一人走出痛苦是艰难的。尽管有些人表面强装坚强，从不说丧气话，也从不寻求别人的安慰，但内心一定渴望有一个可以倾诉的对象。人们都会在生活中寻找能够倾诉的"同事"。

孤独感也是一样，不可一人背负全部并深陷其中。深受孤独之苦的并不只有你一个人，世界上有很多人都在经历孤独。

固执地认为只有自己孤苦伶仃，会使你越陷越深。你的身边一定也有孤独的人，试着找到他们聊一聊，孤独感就会消失。

什么是寂寞

每个人都会感受到寂寞，有时莫名其妙地就涌上一股寂寞之情。感到寂寞的原因有很多：独自一人待在房间中会寂寞；见不到远方的父母会寂寞；想起已经分手的恋人也会感到寂寞。

无论寂寞之情，是小到转瞬即逝，还是大到难以承受，其实都是我们自己的内心造成的。

想到乡下的父母会感到寂寞，是因为思念他们。想起分手的恋人会感到寂寞，是因为还放不下。

寂寞产生于我们的内心。说到底，只要不去想，就压根儿不会感到寂寞。

看到这里，也许会有读者觉得我太无情了。若真能把曾经的恋人忘得一干二净，那自然不会寂寞，这种道理小孩子也能明白。

但是，说起来容易做起来难。况且，思念父母更是人之常情，没有任何人能够否定这种情感。

那要怎样做才能从寂寞中挣脱出来呢？其中一个答案就是：要让身体动起来。

日常生活中有很多事情要做，把精力集中在需要处理的事情上，用心去做，就是摆脱寂寞的最好方法。至少当你沉浸在一件事上的时候，是不会感到寂寞的。

"云水僧"就是一个很好的例子。在很久以前，会有不少父母不顾孩子的意愿把孩子送到寺庙里。让他们成为年幼的"云水僧"，为求道而修行。年纪尚小就离开父母，想必孩子们的内心一定非常不安。肯定会有孩子想逃出寺庙回到母亲的身边，但大多数"云水僧"都克服了内心的寂寞，完成了严酷的修行。

日本云水僧的修行生活从早上四点开始。即便是下着大雪的寒冬，依然要起来坐禅、念经。然后要在天亮前把寺庙打扫干净。把抹布泡进冷水里，拧干以后把寺庙的走廊擦拭得一尘不染。

清扫完毕后，终于能吃上早饭了。吃完早饭后要做各自的工作，下午有晚课，有时还会出去化缘。晚上的坐禅叫作"夜坐"。

可以说，每一个任务都是修行的一环，要把精力集中起来，丝毫不能懈怠。忙碌了一天后，终于到了睡觉的时间，这时云水僧们基本已经筋疲力尽了，因为身体几乎动了一整天没有休息过。在这样的生活中，怎么会有工夫感到寂寞呢？

躺在床上，也许他们也会忽然思念起乡下的母亲。这时，寂寞之情顿时涌上心头。然而，在被寂寞包围之前，疲惫的身躯早就已经把云水僧们拉入了梦乡。

当我们觉得寂寞的时候，不要和它正面相抗。先置之不理，把精力集中在眼前的事情上。一心扑在工作当中，人便不会感到寂寞了。

人要是一动不动闷在家里肯定会感到寂寞，所以要试着在寂寞到来之前走出家门。比如，可以去附近的公园散步，也可以换上运动鞋慢跑。

人在活动起来的时候，是无法深入思考某件事的。比如当你在全力奔跑的时候，很难进行数字运算。在泳池里沿着泳道全速前进的时候，根本无暇因某事感到烦恼。

如果不让身体动起来，寂寞之情就会在内心慢慢膨胀，直到完全失去控制。我们要做的事情，便是在情绪失控前，将寂寞赶出我们的脑海。

孤独并非人生的常态

我认为，孤独有两种情况。

第一种是周围没有别人，只有自己一人时感受到的孤独。第二种就是周围有很多人，却依然能感受到的孤独。

举个简单的例子，当你独自来到国外，语言不通，就容易感到孤独。周围谁都不认识，语言不通导致没法和人交流。特别是如果对这个国家里的人们的生活习惯不了解的话，连该做什么不该做什么都不知道，自己就好像是个异类。

但是，毕竟是到了国外，出现这种情况尚且正常。若是身在国内依旧觉得孤独，那应该如何是好呢？

在公司中，认为自己和周围格格不入，身边有很多朋友但没有一个关注自己。在集体中产生的孤独感，极为令人痛苦。

　　说到集体中产生的孤独感，那就避不开校园霸凌的问题。中小学中，有许多孩子都经历过校园霸凌，成年人的世界同样存在这个问题。霸凌不会只发生在孩子的世界，它同样在成年人的世界"横行"。

　　但是，没有必要因为受到霸凌，就觉得自己很孤独。

　　曾经有一位精神科医生，对遭受过校园霸凌的小学生讲过这样一段话："你现在正在乘坐的是一列名为'××小学'的列车。列车每到一站就会停车，到了四年级这一站，你大概有一半的朋友都会换乘别的线路。到了五年级这一站，可能你也要换乘别的线路了。之后，你即将前往新的车站，奔赴自己心仪的中学。所以，现在与你同车的朋友，几乎没有人会与你前往相同的终点！"

　　医生的话，生动形象。如今，有很多人因为霸凌或者人际关系等问题而感到苦恼，大多数人都误以为当下的人际关系将会一直持续下去，然而，实际上并没有人会一直陪着你到终点。

　　你不会跟欺负你的人打一辈子交道，合不来的同事不会一直在你眼前晃悠。只要你愿意，随时都可以在下一站换乘其他路线，与这些厌烦的人说再见。

　　人际关系是处于动态变化之中的。你会变，别人也会变，双方的关系，无论好坏，都会发生变化。没必要因为处理不好与某人的关系就闷闷不乐，要豁达一些。如果你讨厌某个人，那就少理睬他，保持最低限度的交流即可。时间一长，说不定他就自动消失了。

要是实在等不及到下一站，或者是好不容易到站了，讨厌的人却不下车，那该怎么办呢？

遇到这种情况，不妨换个思路。既然接下来仍然不得不乘坐同一辆列车，那还是尝试稍微改变一下彼此的关系吧。

要知道，改变别人是一件很困难的事。单纯希望他人停止霸凌自己是没有用的，你唯一能做的就是改变自己，让别人无法霸凌你。

期待别人是没用的，你唯一能期待的，只有你自己。

不要轻视自己的力量，努力想办法改变自己。任何人都具备凭借自身意志改变的力量，这就是人类的强大之处。

你所谓的孤独，也许是错觉

大家看起来都很快乐，而自己却感到很孤独，不禁想要逃离这个地方。对于抱有这种想法的人，我想问问看："你所说的孤独究竟是什么，你又凭什么说这就是孤独呢？"

恐怕没有人能给出明确的答案，最多也就是回答一些"朋友很少""没有对象"之类的表面原因。因为，他们并没有对孤独进行过深入的思考。

假期约不到朋友出去玩，圣诞节没有一同庆祝的对象，这真能称之为孤独吗？其实，这根本不是什么大不了的事，朋友少与一个人的幸福感与满足感毫无关联。

然而，许多人却将朋友少作为孤独的标准，认定自己是不幸的人。这简直就是一种臆想，一种对孤独产生的错觉。

在即将坠入孤独的深渊之前，请大家一定要先改变自己看问题的角度。

眼见并不一定为实。看待事物的角度有很多，要学会变换其他视角。

比如，人类在看到河流和大海的时候，会觉得面前都是水。河水能喝，大海能给人们提供生活资源。然而，在人的认知中，江河湖海只是水。

可对于鱼儿们来说，水是它们的家。人类建房子生活，而鱼儿在水草中生活。同样是水，如果从人和鱼的不同视角来看的话，就有了完全不同的意义。人的视角、鱼的视角、猫狗的视角、鸟儿的视角，正是这些不同的视角，才构成了缤纷多彩的世界。

任何事物，观察的角度不同，呈现出来的样貌也不同。人的内心也一样，即使是同一段经历，既会有人感到愉快，也会有人感到难过。换一种感受和看待事物的方法，周围的世界就会大有不同。

当你心神不定、胡思乱想的时候，我推荐大家尝试一下"坐禅"的方法。先把背挺直，意识集中在肚脐稍微往下，也就是丹田的位置，然后慢慢吐气。呼吸的"呼"就是把气向外吐，"吸"就是往肚子里吸气。先吐气是因为呼吸是首先从呼气开始的，呼气到极限后就算什么都不做，人也会自然而然地开始吸气。大口吸气是不行的，要慢慢吸气。

要垂首敛目，尽量什么都不要想。或许一开始的时候脑海里会出现一些乱七八糟的想法，比如，"啊，我好孤独啊""明天约谁出去呢？"等等。这都没有关系，你要做的，就是不纠结于这些想法，试着挣脱出来。放下执念，不与之纠缠，如此一来基本就能逐渐放空大脑。

坐禅的时间是孤独的。寺庙里的坐禅会总有许多人前来。大家盘腿而坐，安静地调整好呼吸，孤独就在这时开始蔓延。坐禅的时候，人的情绪会逐渐缓和。等到结束以后，回头一看，会看到很多不认识的人，然而却能够感受到一种同为人类的温暖。感受到这种温暖之后，人就能从孤独的错觉中挣脱出来。

西行法师曾一个人归隐山中修行，在大自然中思考何为人生，何为幸福。

但即便是西行法师，也不会总待在山里，偶尔也会想找人闲聊几句。据说，他每几个月就会下山寻访友人，和友人推杯换盏，谈天说地，第二天再回到山上。西行法师的大多数时间都在独处，偶尔与朋友一起度过快乐的时光，也可以称得上是一种不错的生活方式。

希望所有人都喜欢自己

任何人都希望能被周围的人喜欢。尽管有人会说"就算被讨厌我也不在乎",但这也只是逞强而已,他的内心一定是希望被别人喜欢的。人是社会动物,想要被别人喜欢是理所当然的,要是所有人都发自内心地认为就算被讨厌也没有关系的话,那这个社会就会崩溃。

越想被别人喜欢,往往就越不想被别人讨厌。但是,被所有人喜欢是不可能的,被人讨厌也是正常的事。

有些人就非常惧怕被人讨厌,有时明明只有一个人讨厌自己,却觉得似乎所有人都在讨厌自己。

然后,他们便想通过讨好别人,让别人喜欢自己。而实际往往事与愿违,努力白费不说,反而却更加招人讨厌。

当人们戴着有色眼镜看你的时候，情况就更糟糕了。如果有一个讨厌你的人，向周围说你的坏话。因为先入为主观念的影响，别人很容易就会戴着有色眼镜看你。这便是偏见。

于是，即便是与你不相熟的人也会没来由地讨厌你，这样，你就会陷入深深的孤独之中。是不是很莫名其妙？所以，与人相处真是一件麻烦事。

每个人都有自己的好恶，因此，喜欢身边所有人是强人所难，当然也没必要这样做。感觉某人不好相处，便不用勉强，表面上你好我好即可。

但也没有必要故意树敌。人是不可思议的生物，当你喜欢一个人的时候，对方也能够感觉到，一般也会喜欢上你，至少不会讨厌你。反之，当你讨厌一个人的时候，对方同样能感受到，于是对方也会讨厌你。

总结起来就是，如果想被周围的人喜欢，那就要去喜欢周围的人，不过也没有必要对所有人都达到非常喜欢的程度。如果有无论如何都无法接受的人，那就尽量多看这个人积极的一面，至少就不会厌烦了。

不要随便去讨厌一个人，这是人际关系的基本准则之一。戴着有色眼镜看待别人是不好的，正所谓"士别三日，当刮目相看"，要善于发现别人的优点。

　　另外，不要光想着如何才能被别人喜欢。没能让对方喜欢自己是很正常的，只要不被讨厌即可。

　　被别人喜欢是一件难事。即使再怎么努力想要被对方喜欢，最终的决定权也在对方，并非你能掌控的。相反，有时明明自己什么都没做，却得到了别人的喜欢，这也是常有的事。喜欢与讨厌是人的两种情感，想控制别人的情感本身就是不可能的。

　　被别人喜欢很难，但不被别人讨厌还是比较容易做到的。比如说，看见熟人笑着打招呼就是一个好习惯。少说没用的话，不要以自我为中心，少做一些故意引起别人注意的行为。记住以上几点，一般就不太会被别人讨厌。

　　有些存在感低的人，当别人提起他的时候，周围的第一反应往往可能是："啊？有这么一个人吗？"然而实际上，存在感低的人虽然不一定被很多人喜欢，但往往也不会被人讨厌。

　　只要用心，任何人都能做到不被讨厌，这样就已经很好了。而且，即使是存在感低的人，也总能够找到认同他的地方。因为，任何人都有自身的存在价值。

孤独使你的人生更加饱满

如今是一个信息爆炸的时代。人人手中握着手机，不停地刷着信息。长期沉浸在这些令人眼花缭乱的信息当中，人就会渐渐失去独立思考的能力。

我经常能够感觉到，随着生活越来越便利，人的能力也在逐渐退化。手机是一个非常便利的工具，想跟谁通电话，只要在通讯录里搜索到，轻轻一点就可以拨打过去。

我年轻的时候还没有手机，虽说会随身带着一本小小的纸质通讯录，但重要的电话号码是记在脑子里的。并不是因为我记性好，当时大多数人都会用脑子记录电话号码。

第一次去别人家的时候，会记住沿途的风景，还要记住行走的路线。这样，只要去过一次，下次再去就容易多了。

而现在，即使不知路怎么走也没关系，只要有手机导航和车载导航，断然不会迷路。

当然，我并不是在否定工具的便利。我有手机，在工作时也使用电脑，但我会时刻提醒自己不要在上面花太多时间。我只是在工作必须使用时，才打开手机和电脑，其他时间基本不看，尽量保持最低限度的使用。我们禅僧每天都要念经，能看手机的时间本就很少。有看手机的时间，不如去思考一些更有价值的问题。

现代社会中，似乎越来越多的人无法深入思考问题。如果只片面地、单一角度地接收信息，不加以深入思考，就会被禁锢在自己的"信息茧房"中，思维将变得越来越偏激。

令人眼花缭乱的信息，可能会使人失去判断的能力，被他人的观点牵着走，人云亦云。连自己的想法都被人控制的话，就无法活出真正的自我。

人的一生会碰到许多选择，人生就是一个不断做选择的过程。选择继续现在的工作还是辞职；选择是否与这个人结婚；选择的这条道路是否正确。当重要的选择一个个出现在眼前，究竟应该如何抉择呢？手机应用里当然不会有答案，再怎么搜索也找不到。做出选择的是你自己，哪怕选错了，也要对自己的选择负责任，毕竟你的人生不属于别人，别人不会为你的选择买单。

人活在世上，既需要知识，也需要智慧，这两者都十分重要。为了获得知识而打开手机，不是一件坏事，但是，要对手机里的知识进行取舍，把知识变成自己的东西。而智慧是无法从手机里获得的，因为智慧来源于人对事物的思考。也许会有人传授给你智慧，但如果不进行思考，就无法实际运用自己学到的智慧。

智慧不能光靠记忆。要在熟练掌握知识的前提下自主进行思考，这样才能获得智慧。打个比方，在人生的道路上，知识是一张地图，而智慧则是照亮前路的明灯。

正是因为身处快节奏的现代社会，才更应该珍惜独处的时间。独处的时候不要被任何人打扰，也不能被手机支配，只有这样才能思考自己的人生。

独处的时间一定会使你得到成长，教会你今后应该如何选择人生道路，告诉你什么才是人生当中最为重要的事情。面对令人眼花缭乱的信息，一定要学会冷静地看待。即使手机里有一百条信息，真正对你有用的，也不过一两个。

不要拘泥于输赢

当今社会是一个竞争型社会。过去，我们经常会听到所谓"赢家""输家"的说法。日本原本不是这样的，虽然竞争一直存在，但不会只重视结果。在那时，竞争的目的不在于输赢，而在于大家能否通过竞争收获幸福。

但是，受到美式价值观的冲击，日本似乎完全变成了一个过度竞争的社会，尤其是在企业当中最为明显。只重视输赢，人与人之间就会产生隔阂，于是就出现了所谓的"赢家"和"输家"。谁都想成为赢家，为了胜利，即使伤害他人也在所不惜。倘若"成王败寇"成为社会的共识，那么温暖的人际关系将不复存在。

况且，人不可能一直胜利。现在的赢家，总有一天会成为输家。出于对失败的恐惧，人们便会时刻保持精神高度紧张的状态，以确保自己脆弱的一面不会暴露给对方。这种心理，很容易导致孤独感的产生。

赢未必会产生满足感，只会让人们继续获胜的欲望更加强烈，压力也随之而来。一个人如果为人如此，无暇顾及别人的感受，最终便可能被孤立。

从这种意义上来讲，输家的心理可能会比赢家稳定。尽管在竞争中失利，但一看周围，发现大家都在失败。通过与失败者的交流，也会产生出温暖的羁绊。

当然，也不必因此故意成为输家。我们要记住，输掉一场竞争，并不意味着输掉了人生，更不意味着人生的终结。

我们能出生在世界上，已经是一个奇迹。换句话说，出生即是赢家。相较宝贵的生命，小小的胜负，宛若浮云。

日语中有"切磋琢磨"这个词，它与"竞争"的意思完全不同。竞争追求胜负，一出结果随即宣告竞争结束。但这次竞争结束了，很快又会开始新的竞争，永无止境地折磨着人们的身心。

"切磋琢磨"和竞争不一样，最大的不同就是，切磋琢磨的对象是朋友。尽管表面上看起来像是竞争，但其目的不是一较高下，而是相互激励，追求的是共同进步。

禅僧们的修行非常艰苦，没有强大的意志力和足够的觉悟是无法忍受的。甚至即便有足够的觉悟，也会有人中途退出。

那么，怎样才能克服困难，完成严酷的修行呢？答案就是，要依靠能够相互鼓励、共同战胜困难的同伴，与同伴一边切磋，一边坚持修行。

和我同一个时期入寺修行的有几十人，其中同一天入住寺庙的人，被称作"同日安居"。哪怕只是早来一天，也要比后来的人多学些东西。我与同一天入住的四个人成了一组。前辈让我们记忆课业，回去在切磋中互相提升。当时我尚且年轻，没能理解前辈的意思，以为是让我们四个人相互竞争。如果表现好的话，没准儿会得到表扬，大家都多少会有些这样的心思。

在四个人当中，我和另外两个人都很快记住了要求的内容。只有一个人怎么也记不下来，他好像并不擅长记忆。

终于，到了要在前辈面前展现成果的时候了。我和另外两人流畅地回答了前辈的问题，而另一人却没能回答上来，他没能在截止日期前背会答案。当时，我觉得他可能会被批评。

然而，被骂的并不是他，却是我们三个。前辈喝道："你们三个为什么不帮他呢？自己记住就好了吗？你们这样根本就不是在切磋琢磨。"

　　前辈的话，使我恍然大悟。我们相互竞争，并不应该是为了决胜负，而应该是为了相互提高。

人为何惧怕死亡

对于人来说，最可怕的事情，莫过于死亡。人对死亡的恐惧是无法抹去的，即使是有道高僧也不例外。这里，我想向大家讲述备受人们尊敬的临济宗禅僧——仙厓和尚的故事。

仙厓和尚留下了很多禅画，画风轻灵潇洒，有朦胧之美，给人一种温暖柔和的感觉。他还精通狂歌，留下了许多狂歌作品。

仙厓和尚受人尊敬，已经被奉为活佛，他将死亡看得十分透彻。

那么，他究竟是怀着怎样的心情，说出了那句著名的临终遗言呢？据说，在仙厓和尚临终之时，周围的弟子们都认为像师父般了不起的开悟之人，必定不惧怕死亡，会平静地等待死亡的到来。

但是，谁也没有想到的是，仙厓和尚在弥留之际，说了一句："不想死啊。"如此了不起的禅僧，在临终之前表示自己不愿赴黄泉，出人意料。那么，他究竟是怀着怎样的心情说出这句话的呢？顺便说一下，据说一休和尚（一休宗纯禅师）也曾说过类似的话。这两位都是有道高增，却在驾鹤西去前还是会说"不想死"，可见，他们对人世仍有留恋。

如果事实当真如此，那么我想这句话应该有着更深层的含义在里面。下面是我自己对此的解释，仅供参考：

我的修行还远远不够，现在死为时过早，若是能够继续在世上修行，该有多好。

我认为，这可能就是两位高僧想要传达给他人的智慧。他们或许是想告诫弟子以及后来的人，人的修行永无止境。

话说回来，人为什么会惧怕死亡呢？这是因为我们没有人经历过死亡，甚至连想象死亡都无法做到。死亡仿佛就像堕入无尽的黑暗之中一样。

无尽的黑暗中是无限的孤独，或许人们所面对的死亡和孤独两种恐惧，有相通的地方。黄泉路上只有自己一个人，可以说是绝对的孤独。对于死亡的恐惧，也许在本质上就是对绝对的孤独的恐惧。

我在 2001 年（平成十三年）当上住持。上一代住持是我的父亲，从我刚开始修行时算起，我成为僧侣已有四十年了。

我曾面对过无数的死亡。虽然我不是医生，无法预知病人的死亡时间，但我一直都在为死者做法事，我最大的感触就是，不管以何种方式死去，死亡的来临总是太过突然。

我认识一位女施主，大概七十多岁，身体十分健康。她每天都慢跑，一周去泳池游泳两次。然而，有一天早晨，她在慢跑时因心肌梗死摔倒在地，当天就去世了。由于太过突然，她的家人一时都难以接受现实。

死亡就是这样，它总会突然到来，除非是接受安乐死。所以，既有必要意识到死亡可能随时到来，同时也不能因惧怕死亡惶惶不可终日，而是应该在做好心理准备的情况下度过每一天。

我就是一直抱着这种心态生活，没有生活在对死亡的恐惧当中，而是把死亡放在心中的一个角落。

因此，今日事，今日毕。有些事明明今天能做好，但因为太累了，想放松一下，拖延到明天，这种想法我也有过。但是，谁能保证明天一定会到来呢？闭上的眼睛，说不定永远不会再睁开。

这种想法虽然极端，但活着何尝又不是一个奇迹呢？

要明白自己现在应该做的是什么。在日常生活中我经常问自己，今天应该怎样度过。碌碌无为，只会让时间白白流逝。生命如此珍贵，当然要竭尽全力地生活，这样才会拥有多彩的一生。如果能够这样活着，那么，人就不会再陷入孤独的泥沼之中。

"日日是好日。"这是一句禅语。

我们经常会将每天的生活作比较，看哪一天过得好，哪一天过得糟糕。

但是，日常生活中，本来不存在所谓的好与不好，进行比较是没有意义的，而且也无法比较。

每一天都是独一无二的，所以每一天都要好好珍惜。

今天只有一次，过去了就再也不会回来。正因为如此，才要集中精力，珍惜每一天。

人生就是平凡日常的重复，不存在特别的一天。人生之路，乐少苦多。但无论生活如何，都要大步向前。

后记

　　人生来都是孤独的，只身而来，只身而去。从这个意义上来
讲，孤独才是人生的常态。

　　本书在"前言"里就提及了，我们都是孤独的存在，这是一
个真理。

　　正因为人是孤独的存在，所以我们才要珍惜人与人之间的感
情。即使深知人本孤独的道理，我们也无法孤立地生活。

　　我们需要在与他人的联系中生存，这便是所谓的人生。

　　"一期一会"这句禅语，尽人皆知。

　　"一期"是人的一生，"一会"意为仅此一次的相会。即使是
在同一场所遇到同一个人，每次相遇的时间、天气，以及双方的
心理都会有所不同。

因此，每次相遇，都是独一无二的。尽管我们每天都会遇见许多人，但实际上，其中所有的相遇，都有且仅有一次。

时光一去不复返。因此，我们要珍惜每次奇迹般的相遇，怀着感恩的心情，面对他人。

世间没有后悔药。我们总有一天要离开这个世界，却不知这一天何时到来。虽说没有必要害怕，但也不能忘记。

对自己来说很重要的人，也许突然有一天就走了。所以为了不留遗憾，就把握好当下这个瞬间吧。

如果你现在在想是否要给母亲拨个电话，不要犹豫，立刻拨过去吧。虽说没什么要紧事的话，明天联系也可以。但是，时间逝去了，就不会再回来，更何况谁能保证明天就一定会到来呢？珍惜当下的时光，珍惜眼前人，这就是"一期一会"的道理。

珍惜周围的人，感谢相遇的缘分。抱有这种想法，我们就能稍稍摆脱孤独，从孤单一人的寂寞中挣脱出来。

我们要有一人走完人生道路的觉悟。

虽然，伴侣或朋友会陪伴你一段时间，但你终究还要靠自己的双脚走完人生之路。凭借自己的意志，迈开步子大步向前，我想这是任何人都可以做到的。

我坚信人类是足够强大的，永远能够战胜孤独，永远能够勇往直前。

最后，愿每一个人都能够不再因孤独而感到恐惧，希望每一个人都能够珍惜自己和身边的人，希望每一个人都拥有属于自己的精彩人生。

合掌。

二〇二〇年六月（令和二年六月）吉日

于建功寺 枡野俊明